諸国一ノ宮山歩

若山聡 著
Satoshi Wakayama

風媒社

はじめに

世の中、明日が見えない不況と政治不信で不平不満だらけ。職場では、無責任な上司に無気力な部下で人間関係はストレスだらけ。家に帰れば、一言多い妻と要求の多い子供たちが待っていて、私が休める場所はありませぬ。

そんな中、しばし現実逃避しようと、しばしの安らぎを求めて山歩《さんぽ》をしてきた。ほとんど原始に近い森や山へ行くと、日々のストレスを消し去り、明日への元気を充填してくれるナニカがあった。10年程前、森林浴は良いと言われ、フィットンチットという森の樹木が出している微量な化学成分の効果と言われて久しいが、健康に良いと科学的に証明されたわけではない。あるいは、昨今の流行り言葉でパワースポット、得体が知れないものではあるが力を与えてくれる何かがある場所らしい。

ここ数年、全国にある一ノ宮とその背後にある鎮守の森を特に選んで巡ってきた。パワースポットの代表である伊勢神宮や出雲大社などの多くは、癒しを与えてくれる鎮守の森に包まれている。それらは１５００年近く前の古代から守られてきた森であり、気力の源となるナニカが確かにある。

俳句で「山笑う」というのは春の季語だそうだが、私にとっては、これまで行ってきた全国の神々を祀る〝山々が微笑んで〟、その微笑に包まれて癒されていたのかもしれない。２０１２年は、『古事記』編纂１３００年という節目の年でもある。

一ノ宮って、何？

一宮という地名あるいは神社が日本全国に分布している。一ノ宮とは何か。歴史的に復習してみると、一ノ宮とは、明治時代に明治政府が、天皇陛下を中心とした絶対君主制を裏付けようとして、人々が崇める神社を国家として格付けし管理した名残と言える。

そして、その基準となったのは、古代、奈良平安時代に制定された律令制度の遺制である『延喜式』の『神名帳』である。ここには、古代に全国にあったとされる2861社の神社、いわゆる延喜式内社の名前とそれらを格付けした当時の記録が記載されている。平安時代の古代律令国家は当時の諸国66ないし68国に分布する主要神社を祭祀してきて、その名残は制度として鎌倉室町時代を経て江戸時代末まで続いてきた。全国の特に著名な神社を訪れると、それらしき歴史の痕跡が残っている。

一般には、一宮制度とは奈良時代から室町時代に、地方に下向した国司が、国内の諸社を巡拝し、中央の神祇官に代わり、毎年奉幣するに当たって、その順番を一ノ宮、二ノ宮、三ノ宮とした習いの名残と言われている。しかし、実際にそのような習いがあったかどうかは、それぞれの地方史、それぞれの国による事情があって異なっているらしい。つまり、『延喜式』が制定された平安時代中頃（927年）には、既に律令制自体が崩壊しはじめていた。

古文書による研究によれば、「一宮」という言葉が始めて記載されているのは、1103（康和5）年の伯耆国倭文神社経筒銘とされている。それぞれの地方において事情が違い、伊賀国のように、面積が小さい国で神社数がもともと少ない場合もあろうし、駿河国や信濃国のように、長い歴史を通じて、その国を代表する強大な神社が一つだけ存在し、それゆえに「一宮」という言葉が不要で、神社が自称しなかった国もあるようだ。その一方で、上野国のように一ノ宮から九ノ宮まで記録されている例もある。

あるいは、長い歴史の中で、大和政権と地元豪族との勢力変遷で首位が入れ替わる場合もある。実際、平安時代から江戸時代にかけての千年以上の歴史の中で、伊勢国や武蔵国のように、一ノ宮だった神社そのものが廃ってしまって、明治時代になって一ノ宮を特定することが難しい例もあったらしい。越中国、紀伊国などでは、一つの国に明治時代に議論された「論社」とされる複数の一ノ宮候補の神社が存在している。

さらに、大和政権の地方統治範囲によって派生した問題もある。すなわち、古代において国を定めた飛鳥、奈良時代において、現在の東北・北海道地方に大和政権の支配は及んでいなかった。このため、現在は日本全体の大きな面積比を占める東北地方に、陸奥と出羽の二国しかなかったし、蝦夷地と呼ばれた北海道や、琉球と呼ばれた沖縄に国は無かった。陸中国などは、明治時代以降に新一ノ宮が制定されている。

さて、神社には、大きく分けて、自然そのものを神として祀る場合と、その地方の豪族が祖霊神を氏神として祀る場合とがある。時代が下って、災害は人の祟りがもたらすものと考えて、祟りを引き起こしている悲劇の人物を神に祀ることにより災いを避けようとする、いわゆる、御霊信仰によって発生した神社もある。

このように、神社とは何か、明治時代に論争もあったらしいが、明確に定まっているわけではないようだ。当初、私は古代人の自然崇拝主義を重視していたが、実際に一ノ宮巡りとして現地へ行ってみると地方豪族の存在が見えてきて、一ノ宮の場合は地方豪族の氏神を祀る場合が多い気がしてきた。

自然そのものを神として祀る場合、人間は、人間に恵みを与え、人智を超えた驚異を示す自然に対して神の存在を感じ、それを祀る施設として神社を作った。神の対象となったモノは、岩や巨木、動物などがあっただろうが、山そのものをご神体とした場合も多い。山を神と祀る古社が多いことは私が言い出したわけではない。村山修一氏は著作『山伏の歴史』の中で、『延喜式』に記載された神社を分析した結果、神の寄り代としてほとんどの神社が山そのもの、あるいは、水源や雷など、山の関わる事象を神として祀っている、と調べられた結果を紹介されている。

私はこれまで趣味として全国の名山を登ってきて、一ノ宮とされた神社の御神体の山は、その地方を代表する名山という気がしていた。しかし、大和政権が日本全国を統一していった時代、その土地の豪族が氏神を祀った場所は、その地方を代表する名山の近くだったことが多かっただけらしい。

その一方で、一ノ宮を調べていくと、その地方の特異性が現れることにも興味が持てた。つまり、東海地方の一ノ宮には、尾張国の真清田神社以外の全てに御神体の山がある。（現在の神社がその山を御神体とうたっていない場合もある）

すなわち、三重・岐阜・愛知県にある一ノ宮を見ていくと、

・尾張国《おわり》（愛知県）一ノ宮として
　一宮市にある真清田神社、
・三河国《みかわ》（愛知県）一ノ宮として

新城市にある砥鹿神社
・美濃《みの》国（岐阜県）一ノ宮として
垂井町にある南宮神社、
・飛騨《ひだ》国（岐阜県）一ノ宮として
高山市にある水無神社、
・伊賀《いが》国（三重県）一ノ宮として
伊賀市にある敢国神社、
・伊勢《いせ》国（三重県）一ノ宮として
鈴鹿市にある椿大神社、
・志摩《しま》国（三重県）一ノ宮として
志摩市にある伊雑宮、
がある。そして、
砥鹿神社には奥宮として本宮山、
南宮神社と敢国神社には南宮山、
水無神社には位山、
椿大神社には入道ヶ岳、
伊雑宮には青峰山がある。
さらに隣接する静岡県と長野県、山梨県をみてみると、
・遠江《とおとうみ》国（静岡県）一ノ宮として
森町にある小国神社、
・駿河《するが》国（静岡県）一ノ宮として
富士宮市にある富士山本宮浅間大社、
・伊豆《いず》国（静岡県）一ノ宮として
三島市にある三島大社
・甲斐《かい》国（山梨県）一ノ宮として
笛吹市にある浅間神社
・信濃《しなの》国（長野県）一ノ宮として
諏訪神社、
があり、それぞれの神社に御神体の山がある。

なお、尾張国については、尾張二ノ宮である大縣神社に、本宮山という尾張・三河・遠江と共通する名前の御神体の山がある点も面白い。

先ずは、これら東海地方の一ノ宮や二ノ宮となった地方の名山を紹介していきたい。

一方、地方の特異性を示す逆の例として、北

陸・新潟地方にある一ノ宮は、海を御神体とする神社が多い。

　すなわち、越前国の気比神社、越中国の気多神社、越後国の居多神社などは海岸部に位置し、海を御神体にしていると考えられる。そして、名前が同じような音（ケヒ、ケタ、コタ）の名称になっているのが面白い。その一方で、加賀国の白山比咩神社、越中国の雄山神社、越後国の弥彦神社など山を御神体としている神社もある。このように、同じ自然を神に祀る場合にも、東海型と北陸型という地方性が現れることはとても興味深い。

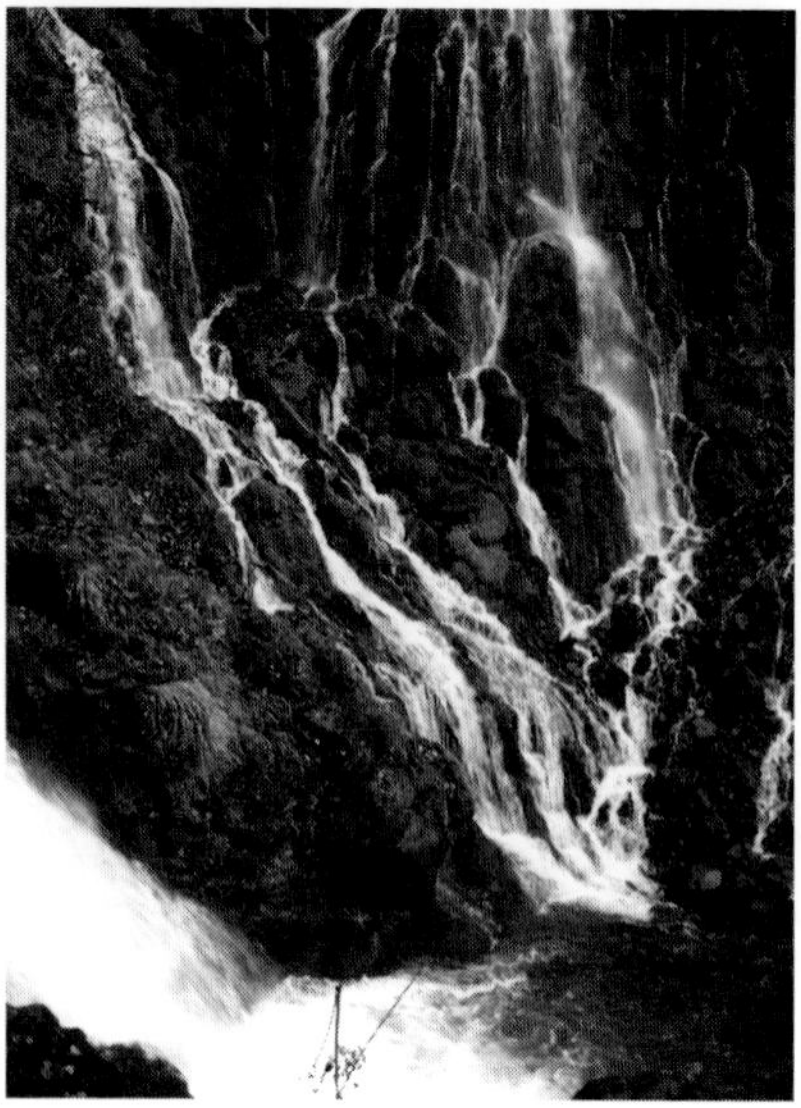

〈難易度と霊力度〉

　本書は、神社参拝という歴史散策と御神体の山に登るというハイキングや登山、その二つの多少異なる分野にまたがっている。本書を読んでいただいて、面白そうだから行ってみようかと思われるかもしれない。あるいは、標高3000mの山なんて手軽に行けないなぁと思われるかもしれない。

　とはいえ、孫子の兵法に「敵を知り己を知れば、うんぬん」という名句もあり、要は、山の難易度を知り、自分の体力に合った参拝方法を考え、その気になって準備すれば、御神体の山へも登ることが出来、神社参拝のみより満足し

ていただけると思うので、是非お出かけ下さい

ということで、他のガイドブックにならい、☆を用いて〔山の難易度〕と〔山の霊力度〕を各項の巻末に入れておいた。もちろん、私個人の主観によるため、妥当かどうかはわからない。

〔山の難易度〕

★　歴史散策のみ、ハイヒールでも可

★★　軽いハイキング、スニーカーが望ましい

★★★　一応登山（初心者向き）、軽登山靴が望ましい

★★★★　本格的な登山（初級者向き）、山の知識が必要

★★★★★　登山中級者向き、十分な山の知識が必要

〔山の霊力度〕

☆　数歳若返ります

☆☆　5歳若返ります

☆☆☆　10歳若返ります

霊山に登って帰宅後、筋肉痛は残るが、それ以上に精神的ストレスが取り除かれ、食欲も増し、不眠症も解消され、気持ちの上で何歳も若返った気分がしばらく続く。登頂の達成感が大きい程、若返りも大きい。

なお、本格的な登山に興味がある人には、登山に関する図書を参考にして下さい。

I

東海地方の一ノ宮巡り

山中に咲くシャクナゲ

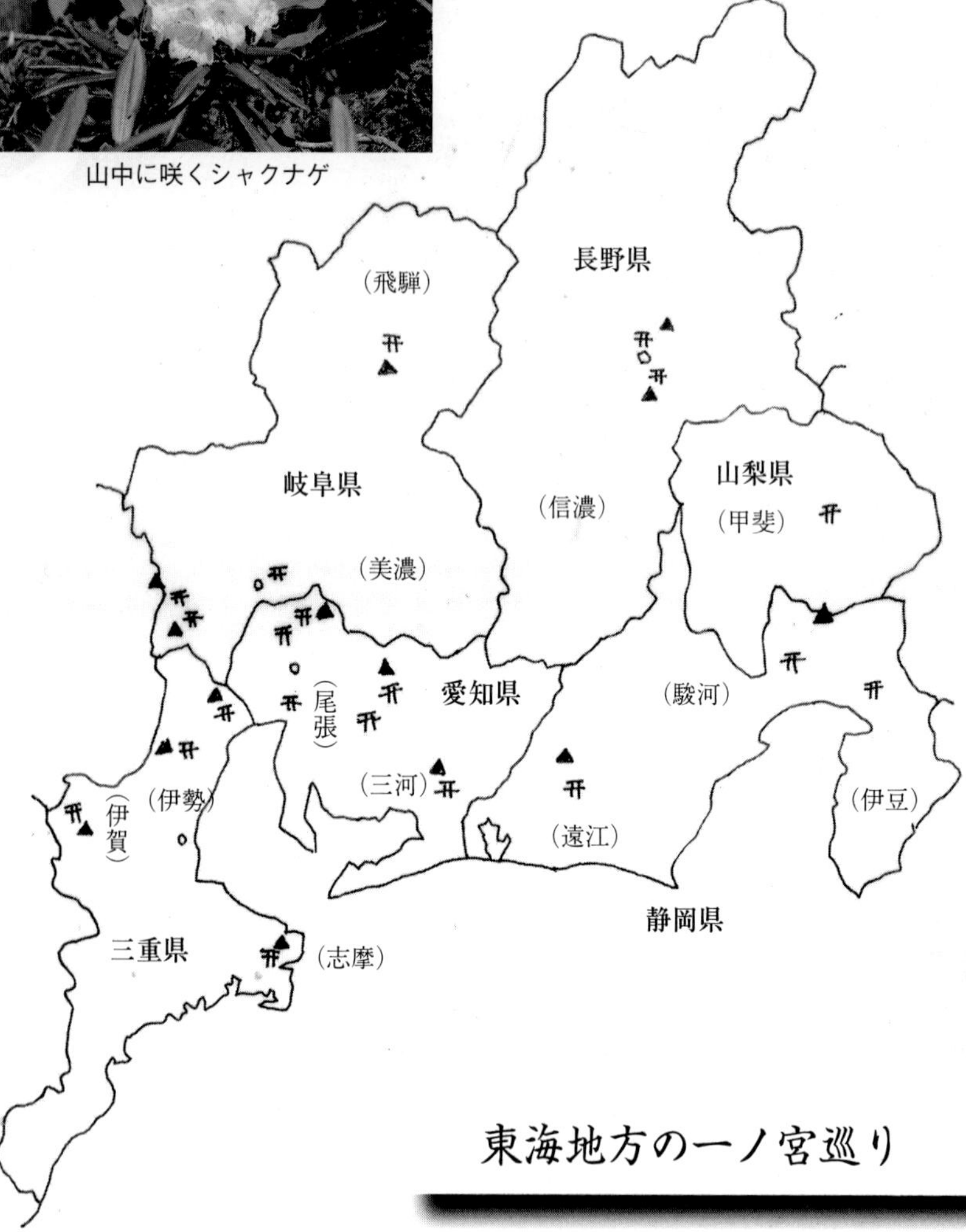

東海地方の一ノ宮巡り

1. 愛知県の一ノ宮巡り

尾張国一ノ宮（真清田《ますみだ》神社）

名古屋駅から約15分、ＪＲと名古屋鉄道の総合駅である尾張一宮駅を下車する。数年前に大改造されて綺麗に整備されて広々となった駅と駅前広場、さらに、広場から続く広い目抜き道路を過ぎ、真清田神社へ続くアーケード通りとなった門前街を、しばらく来ない間に変わったなぁと思いながら歩いていく。そして、道幅の広い国道１５５線を渡ると真清田神社の境内に入る。

何年か前『馬鹿の日本地図』という本が話題になった。『『鹿児島』って、島にあるんじゃないの？』「とっとり県って、取鳥県と書くのではないの？」など地理学が不得意な人を皮肉りながらも、地方の文化を紹介していて面白かった。

その中で、「名古屋市は名古屋県にあるでは？」というのもあった。地元では「愛知県」が当たり前であるが、全国的に見れば、全国有数の大都市・名古屋市に較べ、愛知県の県としての知名度は低い。現代は豊田市の方が有名かもしれない。「愛知県って、どこ？」、「愛知県と愛媛県のどちら？」など、愛知県の地理は一般常識外かもしれない。

同じ話は、本テーマである一ノ宮の話でも言える。尾張国一ノ宮は、歴史学的に、また、知名度的に考えて不可解、古代の謎だそうだ。

さて、私が住む尾張地方には通称・尾張五社

尾張国一ノ宮　真清田神社

と呼ばれる神社がある。名古屋市熱田区の熱田神宮、一宮市の真清田神社、犬山市の大縣神社、それ以外に、津島市の津島神社、小牧市の田縣神社、あるいは犬山市の針鋼神社などが入る。知名度でいえば、三種の神器でもある「草薙ノ剣」を祀る名古屋市の熱田神宮がダントツで有名であるが、実際には、尾張国の一宮は真清田神社、二宮は大縣神社、三宮が熱田神宮とされている。真剣に考えなければ別に不思議でもないが、最近、趣味で関心を持った山岳宗教の観点から興味を持った。

地元に長いこといながら真清田神社に参拝することは何度目だろうか？　また、七夕祭で有名だが、隣接する津島市にある津島神社の天王祭や岐阜市の花火大会と開催時期が重なるために七夕祭りに行ったことがない。久々に参拝して、こんなに立派な楼門があっただろうかと昔の記憶を思い出しながら鳥居を潜り境内に入る。

真清田神社は１９４５（昭和20）年の戦災で焼失し、１９５７（昭和32）年以降に再建されている。楼門を潜ると、緑の森に囲まれた静寂な風景の中に神殿が立ち並んでいる。先ずは、山門から北正面に位置する拝殿に向かい本殿で参拝する。そして、ぶらぶらと境内を散策する。

真清田神社は尾張式と呼ばれる様式で、本殿はもちろん様々な建物が東西南北一直線に境内にレイアウトされている。このため、名古屋市の熱田神宮や津島市の津島神社にも共通する広い拝殿前があるという当地方特有の空間を感じる。まっ平らな濃尾平野の地方性と言って良いかもしれない。

真清田神社の祭神は、天火明命《あめのほあかりのみこと》で尾張氏の祖霊神とされ、八頭八尾の龍に乗ってきたので、尾張が八郡に分かれたという伝説がある。

また、尾張という地名の由来は、ヲ（尾）というのは山麓、ハリ、ハルは開墾を意味する古語だそうで、この神話の龍そのものが、木曽川、長良川、揖斐川の木曽三川を指し、木曽三川が伊勢湾に注ぐ濃尾平野の開墾、濃尾平野あるいは木曽川の水そのものを意味していると私は考えている。また、真清田神社の本祭である桃花祭は、邪気を祓うとされる桃の枝で身を清め、その枝を木曽川に流したのが祭の起源とされ、明治時代までは、旧暦三月三日に開催されていたそうだ。現代は毎年4月に開催されているが、この伝説も木曽三川に関わりがある。

そして、境内の北東隅に井戸がある。神社の名前由来になった伝説もあるが、現在は元旦の若水祭で神水として使用されているだけだそうだ。開墾という農耕に欠かない井戸である点に注目したい。ただ、ご神体扱いされていない。社伝では、白河天皇の病を癒した神水とされている。

一方、当地は奈良時代から織物の産地らしく、祭神の天火明命の母神が摂社の服織神社祭神に祀られている。七夕祭は当地が毛織物産業で栄えた高度成長時代の１９６５（昭和40）年に創設されて以来、「日本三大七夕祭」の一つとして大変賑わい、当地が七夕神話の織女伝説地とも考えられており、今では真清田神社が織物の神様だと信じている人が多い気がする。

ところで、最近の古代史研究の発展により、当社がある一宮市域と、奈良時代の国府がある隣接する稲沢市域から巨大な古代遺跡群が発見さ

真清田神社の拝殿と本殿

真清田神社境内にある井戸

れて注目されている。古墳時代には、S字状口縁台付甕形土器、前方後方墳など当地固有の文化を持っていた国家があったとされ、地元の古代史研究者・赤塚次郎氏は邪馬台国に対抗した狗奴《くな》国を当地に比定している。単純に賛同することは出来ないが、古代の当地に有力国家が存在した事実は間違いない。さらに、大和政権成立にも尾張が大きく関わってきたようで、歴史上、実在した人物としての初代天皇とされる第10代崇神天皇の后は尾張大海姫、日本武尊の后は熱田神宮の宮津媛など、古代の尾張国は何度も日本神話に登場する。

　残念ながら、恵みの川である一方で、日本最大級の暴れ川でもある木曽川は、たびたび大氾濫を引き起こし、その結果、当地は地形を何度も変えており、大洪水で埋没してしまった文化財も多いらしく、遺跡を発掘して当地の古代史を解明することは難しいようだ。

　濃尾平野は日本最大の海抜0m地帯でもある。東日本大震災以後話題となった話として、長い歴史を通せば当地にも巨大地震が何度も襲っており、天平（奈良時代）の大地震、天正（安土桃山時代）の大地震、宝暦、安政（江戸時代）

隣にある服織神社

の大地震などが古文書記録にあるそうだ。考古学的にも、大地震による液状化現象の跡も濃尾平野の古代遺跡から発見されているそうだし、津波の記録も古文書に残っているそうだ。

〈アクセス〉名古屋＝（JR東海道本線 快速0：15）＝尾張一宮
〈コースタイム〉駅—（徒歩0：10）—神社
〔地図〕一宮
〈難易度〉☆ 〈霊力度〉☆

尾張国二ノ宮（大縣《おおあがた》神社＋尾張本宮《ほんぐう》山）

名古屋駅周辺の高層ビル群にある展望台など、濃尾平野のほとんどの場所から見渡すと、名古屋から北東方向に、木曽御嶽山や中央アルプス山脈の高峰群が展望できる。そして、その前に広がる前衛の山々の最前列に、ほぼ正三角錐の綺麗な山容で、濃尾平野からちょこんと聳え立つ小さな美しい山がある。尾張本宮山だ。名鉄犬山線あるいは小牧線で、犬山市に近づいて行くと、だんだん大きくなる、ほどよい大きさの山で可愛らしささえ感じる。

小牧山から見た尾張三山

　今回、本宮山へ行くのは何度目だろう。東海地方に住んでいて山歩を始めると、犬山市にある尾張三山を縦走するハイキングコースに一度は行く。山が少ない濃尾平野周辺で、名古屋から日帰り出来て、里山の楽しさが満喫できる身近な山であり、ほとんどの近郊ハイキングガイドブックに紹介されている。とはいえ、最高峰の本宮山でも、標高にしたら、たかだか２９３ｍしかなく、三山を歩いてもお手軽日帰りハイキングで終わってしまい、登山対象の山としては面白さに欠ける。しかし、その一方で、一度登ると本宮山は忘れられない。というのは、山中から見える濃尾平野の展望も申し分ないし、何度も言うように、尾張本宮山がとても美しい三角錐の山であり、登った後日、濃尾平野から再び見上げた時に、登ってきた時のことが思い出として蘇る。

　実は、この忘れがたい美しさが、古代人がご神体として山を崇めた大事な要素かもしれない。大きくなくても良い、身近で均整のとれた美しさがある山。奈良平安の律令時代に尾張国の国府があったとされる、現在の稲沢市にある国府宮辺りから見ても美しい。各地の一ノ宮へ行ってみても、お隣三河国の本宮山、大和国の三輪山、出羽国の鳥海山などなど、惚れ惚れするような均整の取れた美しいピラミッド形の山容を持っている山が御神体となっている場合は多く、視覚的に当地に住む人に神々しさから何らかの影響を与えていたと思われる。そして、その極めつけは駿河国の富士山であることには間違いないだろう。

なお、尾張三山とは、一般には尾張本宮山と尾張富士山に尾張白山を加えた三山だが、尾張信貴山を加えて尾張三山としている場合もある。江南市や小牧市の辺りから見ると、漢字の「山」の字のように、三つ峰がきれいに並ぶことも印象深く記憶に残る。蛇足であるが、それぞれの山頂にはそれぞれ富士浅間神社、白山神社などの小さな祠が置かれている。

尾張本宮山へ登るには、名古屋鉄道小牧線の楽田駅が出発点となる。駅から大縣神社まで徒歩で約30分、駅前集落を抜け、たくさんの車が行き交う周囲を田畑に囲まれた里を行く。山麓に繋がる緑の景色が増えてくると、森林となった木々の間に大縣神社が見えてくる。鎮守の森によって形成されている本宮山の麓に存在する神社に参拝する。

話が脱線するが、大縣神社は、隣の小牧市にある田縣神社とペアにされることが多い。田縣神社では毎年3月15日に豊年祭が開催されており、祭の御神輿として、木製の巨大な男性シンボルを担ぐ。男性シンボルを奉納するために、海外からの観光客もたくさん見学に来る尾張地方有数の奇祭として有名である。その同じ頃、大縣神社でも豊年祭が開催される。大縣神社の摂社である姫ノ宮が、女性シンボルを祀っているために、田縣神社と同時期に開催することにより、両シンボルが合体するという誤った情報も流れているが、別途開催されているようだ。

このような事情もあって、現在の大縣神社は、尾張国の祖霊を祀る神社である歴史、尾張二ノ宮だった事実よりも、境内の本殿横に鎮座している姫ノ宮の方が有名になっている。大縣神社へ参拝する人々も、子孫繁栄、豊年祈願、女性の守り神としての信仰による御利益を求めて来ているようだ。

なお、大縣神社の祭神は大縣大神であり、古代豪族だった尾張氏、丹波氏の祖霊神とされる。

大縣神社の本殿（上）と姫ノ宮（下）

御神体である本宮山への登山口は、姫ノ宮すぐ横にあり、小さなせせらぎに沿って広い道のまま境内を出て緑の森に入っていくと、すぐ林道となる。この林道の途中には姫ノ宮奥の院への分岐があり鳥居が立っている。鳥居を潜り、小さなせせらぎに沿って進むと杉植林地の中にある姫ノ宮の奥ノ院に着く。ここには、女性自身の形状である大岩が祀られているので、寄り道して参拝しておこう。

分岐に戻って、しばらく車も通れそうな広い道が歩いて行くが、尾根に上ると、すぐ右側に山が見え、その山頂に巨大な寺院があるのが見えてくる。尾張信貴山である。この辺りまでは登山道が林道になっているために自然を満喫する気分にはなりにくいが、周囲を取り囲む樹林は、

本宮山山頂にある奥宮

姫ノ宮奥にある貴石

当地を代表する常緑広葉樹で、下界の人工的な風景や騒音を消し、現代社会の厄を取り払ってくれる。さらに、信貴山との分岐を通り過ぎると急に登山道の道幅が細くなる。勾配が少し急になるが樹木が密集する森をしばらく登っていくと、大きな岩が積み重なった展望台のような場所が何箇所かにある。現代の登山には良い休憩地であるが、本来は、神事を行っていただろう磐座跡と思われ、小さな祠が置かれている場所もある。これらの場所からの展望は良く、濃尾平野全体が広々と見下ろせるし、東方向には木曽御嶽山などの高峰が遠望出来る。最後に鬱蒼と樹木が生い茂る森に包まれて階段状になった急な道を進むと神社の祠と拝殿が一緒になった小さな建物が建てられている小さな空き地となった山頂に到着する。そこが奥宮で、奥宮の小さな祠の裏には、山頂を示す国土地理院の一等三角点も置かれている。大縣神社から本宮山山頂まで約一時間である。

残念ながら、山頂からの展望は開けていない。ここで休憩をするのも良いが、頂上すぐ手前にかつての磐座らしき大岩があり、「古宮跡」と伝わる場所に戻った方が休憩地として良い。南から北西方向の眺望が開けており、晴れれば名古屋の高層ビル群や高速道路網など、濃尾平野全体が気持ちよく見晴らせて、絶好の休憩場所となっており、登ってきた人の多くがそちらで長居して憩いを楽しんでいる。

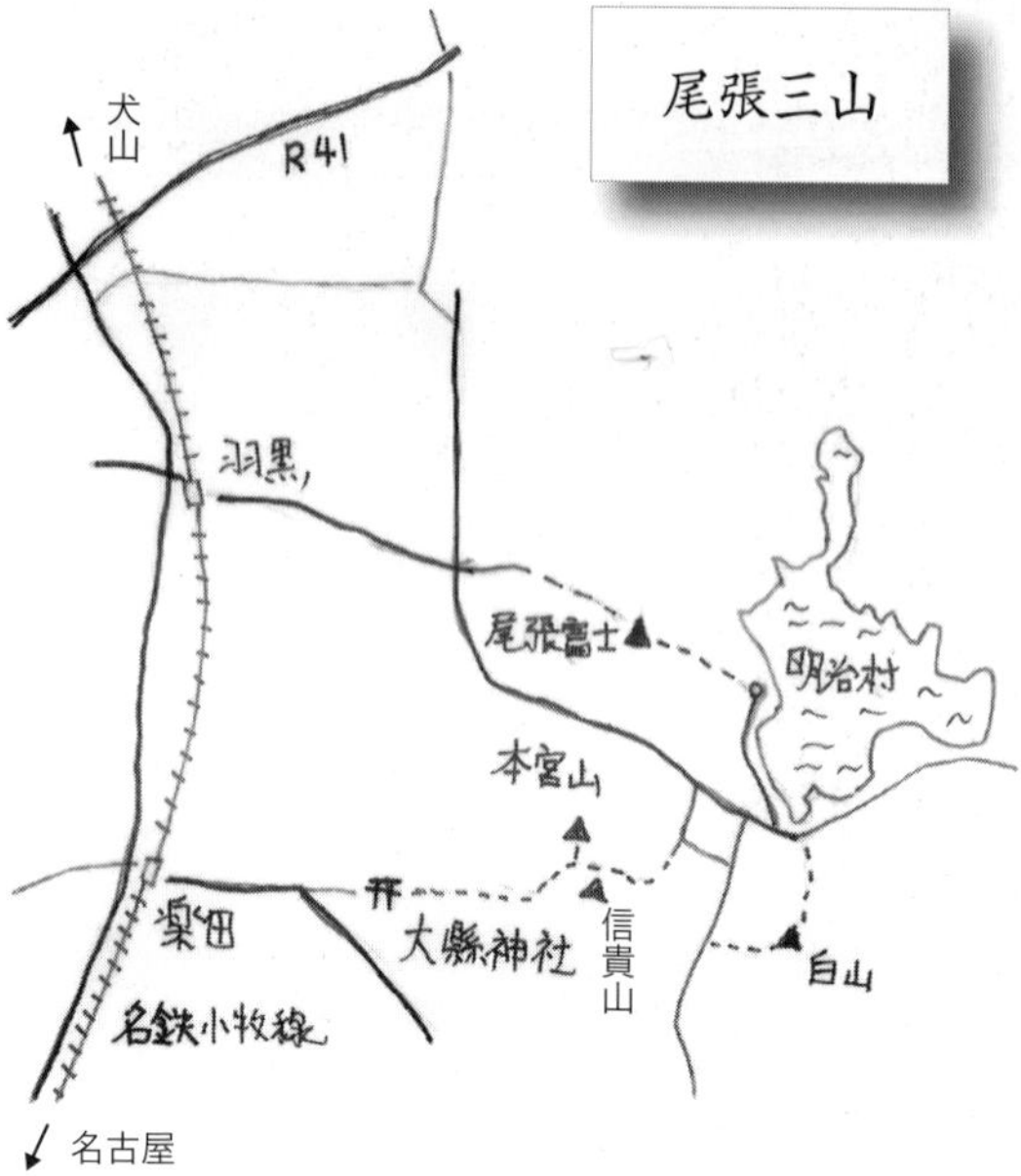

〈アクセス〉　名古屋＝（名鉄犬山線　特急0：30）＝犬山駅＝（名鉄小牧線　普通0：08）＝楽田駅
〈コースタイム〉　楽田駅—（0：30）—大縣神社—（1：00）—尾張本宮山
〈案内〉『こんなに楽しい愛知の130山』（風媒社）
〈地図〉犬山、小牧、高蔵寺
〈難易度〉★★　〈霊力度〉☆

田縣神社の豊年祭

尾張国三ノ宮（熱田神宮）

緑陰に包まれた熱田神宮

名古屋の一つの顔として、また、尾張国を代表する史跡として、熱田神宮は東海三県の人なら誰でも知っているだろう。名古屋駅から3駅、JR東海道線の熱田駅、または、名古屋鉄道の神宮前駅を下車すると、正面には広大な鎮守の森が広がっている。

駅から東門へ入ると本殿に近いが、久しぶりに大回りして南門から入る。神宮の周囲にはモダンな高層ビルが建ち、周囲には交通量の多い道路が隣接しているが、鳥居を潜り鬱蒼とした森に囲まれた境内に入ると、ザクッ、ザクッと玉砂利を踏む音、野鳥のさえずりだけが響く神聖な世界となり、心なしか樹木の精気が漂う清浄な雰囲気に包まれたようで気持ちが良い。

名古屋市の中でも最も古代からの

歴史を感じ取れる場所であり、周囲には尾張最大級の前方後円墳、源頼朝の出生地と伝わる寺院、中世に織田信長が桶狭間の合戦勝利に奉納した信長塀など、熱田神宮周辺を散策するだけでも尾張国はもちろん日本史と関わる史跡がたくさんある。

熱田神宮境内にある信長塀

津島神社の楼門と拝殿

本書のテーマとして、熱田神宮の立地を考えてみよう。すなわち、江戸時代の熱田は、東海道（宮宿）の宿場街であり、七里ノ渡で桑名をつなぐ港街でもあった。あまり語られないが古代から熱田港はあっただろう。古代の東海道も当地を経由しているが、海の道もあり、熱田はその要衝地だっただろう。後述するように、全国には古代の港街がたくさんあり、その守り神として海岸部に神社が建てられている。全国にある一ノ宮だけを見ても、河内国（大阪府）や筑前国（福岡県）には住吉神社がある。熱田神宮は住吉神宮と同等の意味があった気がする。そして、周辺にある古墳などから古代豪族の拠点だったと考えられる。

また、尾張国に四ノ宮はないが、明治時代、官幣社や国幣社として敬われた神社が尾張にもう一つある。津島市にある津島神社である。

津島神社が国幣小社になったのは、当地出身の総理大臣だった加藤高明氏の功績が大きいと言われているが、津島が江戸時代まで尾張国の港町として栄えていたことを考慮すれば、明治時代にはそれなりの格式があったのだろう。ただ、津島神社は『延喜式』に載っていない。江戸時代まで、津島神社は津島牛頭天王社と呼ばれていたことから、古代には著名な神社ではなく牛頭天王を祀る寺院だったと考えられている。

〈アクセス〉名古屋＝（名鉄本線　0：05）＝神宮前駅

〈コースタイム〉神宮前駅―（0：05）―熱田神宮

〔地図〕名古屋南部

〈難易度〉★　〈霊力度〉☆

〈アクセス〉名古屋＝（名鉄津島線　0：30）＝津島駅

〈コースタイム〉津島駅―（0：15）―津島神社

〔地図〕津島

〈難易度〉★　〈霊力度〉☆

木曽川下流域から見る日の出

コラム◉地図の話

登山やハイキングの対象として、各神社の御神体となる山へ登る場合に参考となるように、各節の最後に〔地図〕の項を設けて地図情報を入れた。国土交通省国土地理院が発行している2万5千分の1地形図の図版名である。国土地理院の2万5千分の1地形図は、日本地図の原本となっているもので、全国をカバーしており、全国の地図専門店、または、主要な本屋さんで販売されている。

登山のガイドブック（案内書）には、必要装備として地図が必ず書かれている。もちろん、地図にもいろいろあって、国土地理院が発行している2万5千分の1地形図の他にも、一般出版社が発行しているハイキング・登山地図、地元の観光協会などパンフレットのような観光地図など、登山をする時、参考になればどれでも良いが、長くハイキングや登山を楽しむつもりなら、本格的に登山をするなら、あるいは、ガイドブックなどに紹介がない山へ行く場合には、国土地理院の地形図をおすすめしたい。

しかし、地図が読めなければ、持って行っても単なる紙くずである。先ずは小学校で学んだ知識を思い出していただきたい。国土地理院の地形図は、全国一律で作られているため、慣れてしまえば使い易い。全国一律というのは、

・地図の上が北　＝登山装備として磁石（コンパス）を持っていれば、方角がわかる。
・縮尺が一定　＝すなわち、２万５千分の１地形図の場合、４㎝が１㎞。一般に、山での歩行移動速度を毎時２㎞とすれば、１時間で８㎝移動する。一般に平地でも、歴史散策などで見学しながらゆっくり移動する場合も、歩行移動速度を毎時２㎞と考えれば目安となる。
・等高線の間隔が決まっている　＝等高線の間隔（10ｍ）の詰まり具合を見れば、道の勾配が急なのか緩やかなのかがわかる。また、標高差がわかれば、山の大きさ、すなわち、登山の難易度が想像でき、また、所用時間が推定できる。概算で一時間に登れる標高差は約３００ｍと考えて目安にする。
・記号が決まっている　＝何の記号が描かれているかわかれば、周囲が森なのか田んぼなのか想像できる。神社仏閣などの記号を覚えれば現地での目印となる。岩や崖などの記号を覚えれば、見える風景も想像できる。

などの特徴があり、地図が読めるようになれば、現地に何があるのだろうと想像する楽しみも倍となるし、道に迷わないように予習することでも遭難対策にもなるので、是非、地図が読めるようにして地図を持参してほしい。もちろん、現地で地図が読めれば、道に迷った時にも不安が小さくなるだろう。

三河国一ノ宮（砥鹿《とが》神社＋三河本宮《ほんぐう》山）

　JR東海道本線、あるいは、名古屋鉄道の名古屋本線が豊橋駅手前で豊川の鉄橋を渡る辺り、東側車窓に大きな黒々とした綺麗な三角形の山が見られる。尾張二ノ宮の大縣神社のご神体である尾張本宮山と同様、本宮山という名前が付いている山で、こちらも三河一ノ宮である砥鹿神社のご神体、三河本宮山である。

くらがり渓谷の林道（登山コース）

　その山頂部に砥鹿神社奥宮が鎮座している。奥宮参拝や山頂付近を見学するなど観光だけが目的ならば、本宮山スカイラインが山頂まで通じているため車でも行ける。

　一方、ハイキングが目的ならば、南側の正面登山道と西側のくらがり渓谷を経由するコースなど何本かある。

　現在社会において、登山は、体力を増強するスポーツ、あるいは、山頂に到達するピークハンティングが目的となっている。このため、最も楽に登れる、あるいは、最も早く登れる登山道が薦められている。しかし、本宮山の霊山の雰囲気を味わうならば、正面登山道がお奨めだ。私も今回歩いて、とても満足できた。本宮山は霊山として素晴らしい。流石に、県立自然公園に指定されているだけのことはある。

名古屋鉄道の本宿駅から「くらがり渓谷」行きのバスもあるが、本数が少ないのでタクシーを使う。だんだんと山裾に入り込んで行くと、空が小さくなり、くらがり渓谷に40分ほどで到着する。山の北西斜面にあるため、午前中は日が差さず、名前通りの「くらがり」渓谷となっているような気がするが、歩き出すとすぐ、爽やかな渓流に沿った適度に広い谷間にキャンプ場があり、キャンプ場周辺は、樹林がそれほど密集していないため気持ちが良い。

本宮山への登山道は、キャンプ場から山頂まで、オフロード車なら登れる緩やかな傾斜の林道が、そのまま家族向きのハイキングコースになっている。林道の周囲には、杉の植林帯がほぼ山頂まで続いている。単調な傾斜と景色に少しばかり退屈感を覚えるが、道沿いに延々と歩けば、いつの間にか山頂部は近い。最後に道標に従い、林道から分岐する登山道が山頂への近道になっており、そちらを辿ると、スカイライン横に大きく広がる駐車場に飛び出す。

山頂部は広々しており、駐車場から見える最も高い小さな頂が山頂で、そこには、各テレビ放送局のアンテナなどが乱立している。車に気を付けながらスカイラインを渡り、山頂へ続く緩やかな広い道を登っていくと山頂まで一息だ。三河本宮山の山頂にも国土地理院の一等三角点がある。山頂からの展望はまずまず、アンテナの建物や巨木を避けて見晴らしの良い場所を探せば、西から南へ、南から南東方向にかけては、豊橋市や岡崎市にかけての広い平野部が、南東から東方向にかけては、三河の山々が見渡せる。遥か小さく富士山もうっすらと霞の中に浮かんでいる。ハイキングの季節には山頂へやって来る観光客も多く、たくさんの人が「富士山が見えるねっ」と声を交わし合っている。

三河本宮山山頂部にある奥宮

森に包まれた正面登山道

しかし、これだけで帰ったら、本宮山の霊山としての本来の素晴らしさを知らずに帰ることになる。今回は、スカイラインの駐車場に戻り、案内に従い山頂部を散策する。大きな案内板には、砥鹿神社と本宮山の歴史についても書かれている。駐車場から少し歩けば鬱蒼とした原生林の中に国見岩がある。国見岩は古代の磐座だったようで、石垣で囲まれた大岩そのものが神として祀られている。国見岩の名前通り、そこから見える三河平野の展望も爽快である。

再び、スカイラインの駐車場に戻り、鬱蒼とした杉林の中に続く幅の広い立派な参道を進み砥鹿神社奥宮に向かう。そこには、深々とした杉林の奥に壮大な拝殿と社務所が建っている。山奥と思っていただけに意外な立派さだ。そして、拝殿の横を通って拝殿の裏側に回ると背後が断崖絶壁となった大きな岩の上に本殿が祀られ、大岩で組まれた石段が続いている。石段はそのまま正面登山道となって、周囲に大岩が乱立している枝尾根に沿って急な勾配で下っていき、そのまま下界にも続いている。周囲にある大岩の内、形が良いほとんどのものには、注連縄が張られて聖地らしい雰囲気が醸し出されている。さらに、その周囲は巨木も多い原生林となっており常緑広葉樹の森が鬱蒼と茂っている。この森は、聖なる神々の住む場所として、伐採されたり人工林を植林されたりすることがなかったため、この地方特有の植生が残され、愛知県指定の自然公園となっている。

　霊山の条件は、このような原生林にあると思う。多くの神社仏閣では、今でも聖地として自然が守られ、神々しいまでも美しい景観が残っている場合が多い。三河本宮山も山全体を見渡すと大半は杉の植林が進んで、神聖な雰囲気がかなり少なくなっているのが現実ではあるが、奥ノ院周辺と正面登山道沿いだけは、手付かずの原始が厳粛に保たれ、登山、否、登拝する私たちに癒しを与えてくれる。磐座、巨木が点在する原生林は、自然の匂い、すなわち、マイナスイオンに包まれ、鳥や虫たちのさえずりが聞こえ、全身をリフレッシュさせてくれると思う。

三河一宮駅から本宮山を望む

　ということで、三河本宮山へ登るなら、正面登山道がお勧めである。後述する現在の奈良県にある大神神社に雰囲気が大変似ている。神を信じなくなった現代において、神社仏閣の森には、杉などが植林され本来の自然が無くなり私的にはがっかりすることもある。都市部にある神社のように境内の森がないだけで、癒し効果が否定され御利益を感じなくなってしまう場合も多い。三河本宮山は現代でも、原生林に包まれた十分に癒しを得られる山であり、これからも神域として正面登山道だけでも保護され続け

山麓にある砥鹿神社

てほしいと願う。

さて、正面登山道は、かなりの急斜面であり、下り始めは大きな岩がたくさんあり、かつての磐座だろうか、特徴ある岩にはそれぞれに名前が付けてある。登山道の各所には案内や道標も整備され、鳥居を潜り林道を横切って、原生林が残された明るい尾根を気持ち良く下っていく。途中、水場もあり、神社らしく杓子が置いてあり手洗い場となっている。原生林の気持ち良い登山道は、尾根の先端にある登山口まで続いている。登山口の周辺はミカン畑となっていて、すぐ近くに日帰り温泉施設と町営のウォーキングセンターという観光案内所がある。

公共交通機関を利用した場合、登山口から最寄りとなるのは、飯田線の長山駅であるが、国道１５１号線に沿って三河一ノ宮駅まで歩くと、途中に国道に沿って砥鹿神社があるので参拝する。

砥鹿神社は、社伝によると大己貴命《おおなむちのみこと》（大国《おおくに》主命《ぬしのみこと》）を祀っており、命が国造りをするためにこの山に留まった。そこから止所《とが》という地名が生まれたとされる。そして、元々、山頂にあった社殿を７０１（大宝元）年に神託によって麓に移したと伝えている。現在は合併して豊川市域となったが、長山集落にある登山口からも近い山麓には古墳や国府跡が残されており、この辺りが古代の中心地であったようだ。

また、砥鹿神社は東海地方で唯一、健脚の神アラハバキも祀っているそうだ。家に帰ってからアラハバキについて調べてみたが、日本神話からは抹消されている神様らしい。また、亀や鹿の骨を焼いて、その割れ方で吉兆を占った名残として、鍵穴のような卜《ぼく》記号を社紋としているそうで、その社紋を付けた交通安全のお札を求める参拝者も多いらしい。もちろん、私のような登山者のための、安全登山祈願のお守りも人気があるようだ。

〈アクセス〉名古屋＝（名鉄本線　急行1：00）＝本宿駅＝（バス　0：40）＝くらがり渓谷
名古屋＝（JR東海道本線　快速1：00）＝豊橋駅＝（JR飯田線　普通0：18）＝三河一宮駅
〈コースタイム〉くらがり渓谷―（1：30）―三河本宮山―（2：20）―長山駅―（0：40）―三河一宮駅
〈案内〉『こんなに楽しい愛知の130山』（風媒社）
〈地図〉新城、高里
〈難易度〉★★★　〈霊力度〉☆☆

砥鹿神社

コラム◉登山装備について

山へ登る場合、どんな装備を用意したら良いか、以下コメントしておく。

古代人の登山のことを考えれば、特別な服装や装備は必要ないと思う、動きやすい服装なら良いとも言える。しかし、登山というスポーツが現代人の趣味とされる時代、より快適な衣類や装備が専門店で販売されている。昨今は、「山ガール」という言葉もマスコミで話題となっている。

まずは登山靴。動き易い岩を踏んで捻挫することもあるので、足首まで保護されたハイカットのものが良いいし、滑らないように歩くために靴底模様が複雑なものが良い。また、ぬかるみに足をとられることもあるので、防水性に優れたものが良い。さらに、長距離歩く場合もあるので、靴底のしっかりした厚いものが良い。費用はかかるが、長く趣味として続けるなら初期投資はした方が良い。

次にザック。登山では岩場などで手を使えた方が良い時が多いし、肩や首から掛けた荷物が岩や樹にひっかかり大怪我の原因となる場合もある。昨今は人間工学的に背負い易い形状になったザックが各種販売されているので、専門店で気に入ったものを探そう。

もう一つ、意外かもしれない装備がヘッドライト。人間は視力によって8割の情報を得ていると言われる。日没になり漆黒の闇で視野を奪われると、人はまったく動けなくなる。一度体験してみると重要性が身にしみる。もしものことを考えて懐中電灯は常に持っていたほうが良い。ゴムバンドで頭部に固定できるヘッドライトが専門店で販売されている。

その一方で、前述したように、服装はある意味自由だろう。衣類が無かったに等しい古代から御神体の山へは登られてきた。明治時代の登山者は背広を着ていたというし、最近の山ガールはスカートとタイツを着用している。帽子や手袋も機能よりもファッションのアクセントとなってきている。ただし、いずれの衣類も素材には注意すべきで、雨に濡れにくく汗が乾き易い速乾性素材が良い。特に下着には注意したい。汗で濡れた下着は体温を奪う。

また、天候という自然を相手するため、雨具は重要装備である。「女心と山の天気」という言葉もあり、山中で天候が急変することも多い。天気予報が外れることもあり、荷物になっても必ず携帯すべき装備だろう。ゴアテックスなど雨は通しにくいが汗は乾き易いという新素材の製品が販売されている。また、山では暴風雨になる場合もあり、首襟や足裾などの隙間から雨が入りにくい構造になったデザインが良い。長く趣味としてハイキングを続けるなら雨具にも初期投資をした方が良い。

三河国三ノ宮（猿投《さなげ》神社＋猿投山）

名古屋駅前の高層ビル展望台から、西方向を望むと、濃尾平野の末端に鈴鹿養老山脈がほとんど高低のない長い尾根を見せている。反対に東方向を望むと、名古屋から既に尾張丘陵が始まり、その先に奥三河の山々がある。その最前列にある平べったい山が猿投山だ。名古屋、すなわち、尾張国から見るとあまり形が良い山とは言えないが、三河国の霊山だ。

猿投神社の山門

猿投山山麓は2005年愛知万博の会場ともなった山域でもあり、当時、万博後の跡地について、開発か、自然保護かの議論が持ち上がり騒がれた地域である。実際、約30年ぶりに猿投山へ訪れ、登山口へ行く途中の車窓風景を見て驚いた。山際ぎりぎりまで宅地や商業施設などが乱立しており、旧猿投町（現豊田市）や瀬戸市ってこんなに大都市だったっけと目を疑った。棚田などの里山風景はほとんど残っていない、まさに浦島太郎状態だった。ただ、ありがたいことに三河側の猿投神社周辺にだけは開発の手が伸びていなかった。山頂が尾張三河の国境にあるとはいえ、三河側の麓にある猿投神社は三河国三ノ宮であり、山中には聖なる鎮守の森が残っている。

豊田市駅前からバスに乗り猿投神社前で降りる。巨大な杉が何本も生える森の中に立派な本殿などが並んでいる。参拝して境内を巡ると、拝殿横にはトヨタグループ各社の品質管理（QC）サークル有志が奉納した絵馬がたくさん掲げられている。

閑静な猿投神社境内

猿投山山中にある東宮

猿投神社横の舗装された林道を小さなセセラギである猿投川に沿って歩いていき、御門杉という洒落た名前のある場所から、山の斜面につけられた登山道に入っていく。猿投山登山道は、東海自然歩道としても整備され、道の周囲が自然の植生のまま保たれ、当地の自然探索路として整備されている。広い道幅で延々と丸太を組んだ段が作られて、慣れてしまえば歩きやすい。

途中の山腹には、古墳のような社、そして、西宮、東宮と呼ばれる小さな神社があったが、雨上がりの鬱蒼とした森の中、休憩するには足元がぬかるんでいて長い休憩をする気になれなかった。それでも、三河側の山腹は鬱蒼とした自然林が保たれている。その中に森林浴するにはとても気持ちが良い散策路が続いている。ただ、木々が茂っている分展望は期待できない。

山頂から続く尾根に上がってから

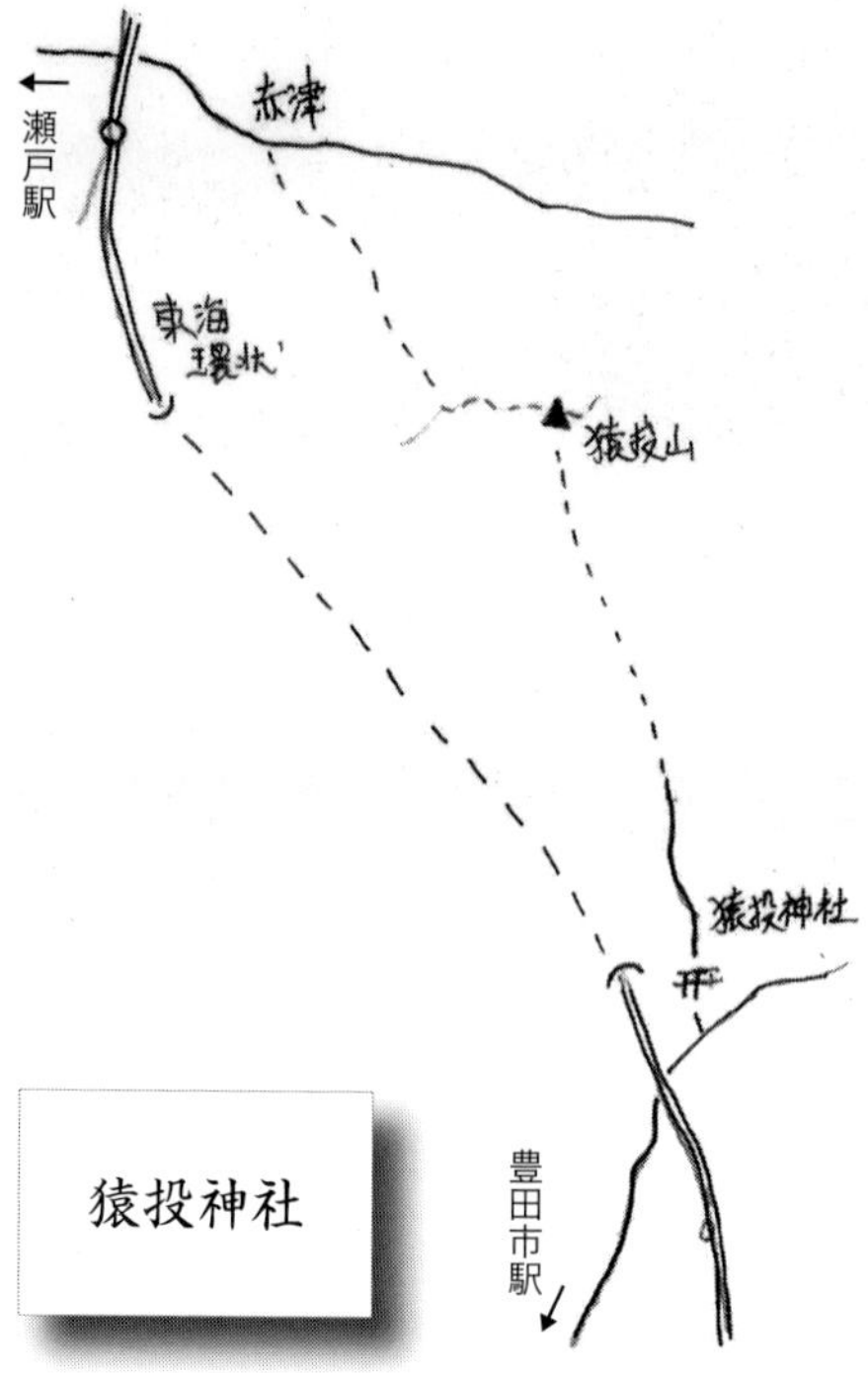

も樹木に包まれた森を歩く。まもなく猿投山山頂であるが、展望は北側しか開けていない。が、冬晴れの一日、木曽御嶽山や加賀白山の白い輝く姿、そして、延々と広がる美濃の山々を楽しむことが出来た。

　下りは、尾張側にあたる瀬戸市へ向かった。西斜面になったせいか、樹木を通る木漏れ日も強くなる。お陰で、行く方向の樹木の間から大都会名古屋や濃尾平野全体が、その背後には養老山地や鈴鹿山地まで見渡せる。赤猿峠を越えたところにある送電線鉄塔の下には、とても見晴らしの良い展望スポットがあるが、足元には、登山口の赤津集落がもうそこまで近づいてきている。

　途中、山中に林道が入り込んでいて、その林道を歩く場所もあるが、ふたたび植林された杉林の里山を越えると雲興寺がある集落に飛び出す。赤津バス停まで歩き、バスで瀬戸駅に向かう。しばらくの車窓風景、瀬戸市周辺は大変貌していた。そんな浦島太郎状態の私は瀬戸駅で電車に乗った途端、睡魔に襲われた。

三河二ノ宮　知立神社

蛇足ではあるが、三河国二ノ宮は知立市にある知立神社とされている。知立神社は、名鉄本線の知立駅から徒歩10分程のところに鎮座している。名鉄本線の知立駅前の商店街は、江戸時代の東海道知立宿から発展してきたため、旧市内は道路が枡形になったりしていて複雑である。古道歩きに慣れていないとわかりにくいが、旧東海道が知立神社門前まで続いているので、街道散策気分で歩いていくと、境内は小さいが清閑な鎮守の森に包まれた古社がある。

〈アクセス〉名古屋＝（名鉄本線　急行　1：00）＝知立＝（名鉄三河線　普通　0：20）＝豊田市＝（名鉄バス　0：20）＝猿投神社前
名古屋＝（名鉄瀬戸線　普通　0：30）＝瀬戸＝（名鉄バス　0：15）＝赤津
〈コースタイム〉猿投神社―（2：10）―猿投山―（1：45）―赤津
〔案内〕こんなに楽しい愛知の130山（風媒社）
〔地図〕猿投山
〈難易度〉★★★　〈霊力度〉☆

〈アクセス〉名古屋＝（名鉄本線　急行30分）＝知立
〈コースタイム〉知立駅―（0：10）―知立神社
〔地図〕知立
〈難易度〉★　〈霊力度〉☆

2. 岐阜県・長野県の一ノ宮巡り

美濃国一ノ宮（南宮《なんぐう》大社＋南宮山）

美濃国、現在の岐阜県はかなり広い面積を占めているというのに、その国府や一ノ宮は、その端っこの端っこ、現在の大垣市近郊に位置している。東海道本線大垣駅から出発した電車に乗ると、関ヶ原駅の一つ前の駅、垂井駅前に美濃国一ノ宮である南宮大社がある。

司馬遼太郎氏の名著『国盗り物語』の一節に「美濃を制する者、天下を制す」という名文句があるが、関ヶ原は南北両側を急峻な伊吹山と霊仙山に挟まれ、その間を古代の街道・東山道が通る、地形的に街道の隘路となっているため、古代には壬申の乱の戦場となり、不破ノ関が置かれた。そして、同様な理由で戦国時代には天

名古屋から、京都大阪など関ヶ原方向へ行く場合、東海道本線、東海道新幹線、名神高速道路、国道21号線、いずれを使っても、関ヶ原に近づくと標高８００m程の山が障壁のように正面を遮ってくる。車窓の左側に養老山脈、右側に池田山が聳え立ち、関ヶ原への道はそれら二つの山の間に出来た谷間へ入っていく。そして、濃尾平野の末端、名神高速道路で言えば養老サービスエリア近くまで行くと、養老山地の下にちょこんと膨らむ標高４００mの山がだんだん大きくなって近づいてくる。南宮山だ。あまり綺麗な山容ではないが、南宮山はその立地位置が重要だ。

下分け目の関ヶ原の戦いがあった。そんな地形の東端に位置する垂井は、江戸時代には中山道宿場街となり、今も町役場の横にある大欅の根元に湧き出す「垂井の泉」が旅人の喉を潤している。この垂井宿から中山道を東へ行けば、現岐阜市を経て鵜沼に至り、そこから木曽川の流れを遡って信濃国を経て東国へ入る。一方、垂井宿には追分があり、東南方向へ進むと濃尾平野を縦断して熱田神宮などに向かい、さらに東海道へ続く。中世には鎌倉街道、近世には美濃路と呼ばれた街道だ。このように、地形から垂井が交通の要衝であり、地方豪族が防衛上の拠点を置いたことは容易に推測出来る。

何もない南宮山山頂

そんな谷あいにある垂井駅前に第一の鳥居があり、南に向かって参宮道が続いている。名神高速道路と東海道新幹線の高架を潜ると、土産物屋が数軒並ぶ広い駐車場に出る。神社は南宮山の北山麓に鎮座しており、山に沿って参道は直角に右に折れ、大きな鳥居を潜ると朱塗りの回廊に囲まれた境内に入る。境内中央には高舞殿がその存在感を示しているが、朱に塗られた拝殿や本殿と共に国の重要文化財に指定されている。

さて、祭神は金山彦命《かなやまひこのみこと》であり、最初の神イザナミの神が、火の神・迦具土神《かぐつちのかみ》を生んで、その熱さで亡くなった時に、その嘔吐物として生まれた神とされ、山の神、特に製鉄・鋳物の神でもある。美濃国一ノ宮の南宮神社はその総本山とされる。地場産業として鍛冶屋が多い地方には金山彦命を祀る南宮神社の分霊社が多く祀られている。

神話は人類の文明史をよく表している。人類は先ず火を自由に操る方法を手に入れ、タタラ製鉄により鉄器を作った。すなわち、鉄鉱石に木炭を加え、炭の還元作用によって銑鉄を得る。その時に出来る溶鉱炉の残渣、すなわち鉄分を除いた鉱物の珪酸分は確かに人の嘔吐物に似ている。そして、鉄の技術を有することは、原料の土と炭を自然から搾取すること、すなわち森の破壊、自然破壊とも言える。さらに、鉄器を武器にした戦争が発生し、悲劇の連鎖が始まった。人間社会の文明による矛盾を、イザナミの死という悲しみと、のろいとして物語っていると考えるのは私だけだろうか。

また、美濃地方にはタタラ製鉄を物語る地名も多く残っている。例えば、垂井のすぐ北にそびえる伊吹山、その語源は、当地を襲う強烈な冬将軍による嵐の息吹《いぶき》という説もあるが、タタラ製鉄で使うフイゴの息吹、が山名の語源とも言われ昔から議論されている。ちなみに、垂井町にある伊吹神社が美濃国三ノ宮でもある。あるいは、伊吹山の西隣にある金糞《かなくそ》岳、タタラ製鉄による副産物として捨てられる金渣《かなくそ》が語源という説もある。もちろん、刀技術を伝える関市の伝統工芸は現代まで息づいている。いずれにせよ、南宮神社を祀った豪族、あるいは、その子孫は、何らかの鉱山技術を持った豪族であり、美濃国を支配していった歴史があったのだろう。

さて、当地へ行こうと計画した時、国土地理院の地形図には登山道が記載されておらず、また、最高峰の標高は419ｍの低山とはいえ、その地形は意外と複雑で、奥宮がどこにあるか、いや、奥宮があるのかさえわかりにくい。どうしようか迷っていたら、岐阜県に住む旧友が、風媒社の『岐阜の山歩きベスト55コース』に案内があり、ハイキングコースとなっていると教えてくれた。さっそく読んで南宮山へ登ってみる。

神社を取り囲む回廊の南東にある出口から南宮山への登山道が始まる。しばらくは道の両側に、昭和50年代に植えられ、その後大きく育っている多種多様の椿が並ぶ広い道が続いており、途中には、磐座らしき大岩や小さな祠、椿を植えた時に組まれたらしい石垣が何箇所かある。

南宮大社の楼門

　そして、森全体を覆う杉植林の中、大きく南西へ湾曲しながら緩やかに道は登っていく。登りきった場所はハイキングコース唯一の展望台となっており、南東方向、すなわち、濃尾平野の眺望が抜群に良く、双眼鏡まで置かれている。一方、関ヶ原方向は木が茂って見晴らせない。戦国時代末期の関ヶ原の合戦において、毛利・吉川軍の本陣が置かれた、と展望台に案内表示がある。なお、関ヶ原の合戦の時、南宮神社は安国寺軍によって焼き払われ、江戸時代になって三代将軍・徳川家光によって再建されている。

境内にある舞台

　しばし休憩後、展望台から南宮山に向かって杉林の中に続く尾根道をたどる。登山道は右から左へと大きく湾曲している山の尾根上を忠実に沿って続いている。道標などは無く、また、藪が深く鞍部などには獣道が入り乱れて、道がわかりにくくなっているので山慣れていない人は道迷いの注意が必要である。たどり着いた山頂部の大半も藪が密集している雑木林で見晴らしもない。最高峰と思われる山頂には、小さな山頂札が木々にぶら下がっているだけで何もなく、登頂の達成感は味わいにくい。ただ、そのすぐ近くに窪地があり、小さな祠、奥宮があった。時々人が訪れるのか、その周囲だけ樹木が取り除かれ草が少なくなっていた。残念ながら、南宮山全体が杉の植林地で霊力度は低い。

〈アクセス〉名古屋＝（ＪＲ東海道本線　快速1：00）＝垂井駅
〈コースタイム〉
垂宮駅―（0：10）―南宮神社―（1：10）―南宮山―（0：50）
〈案内〉岐阜の山歩きベスト55コース（風媒社）
〈地図〉大垣
〈難易度〉★★★　〈霊力度〉☆

美濃国二ノ宮（伊富岐《いぶき》神社＋伊吹《いぶき》山）

伊吹山は、名古屋市をはじめ濃尾平野の全域からその特徴ある姿が望まれ、当地を代表する名山だ。冬、濃尾平野を吹き渡る北西の冷たい季節風を伊吹颪というなど、生活にも密着している。

伊吹山は、岐阜県と滋賀県との県境に位置しており、岐阜県の関ヶ原を通る国道21号線から伊吹山ドライブウェーが分岐し、山頂直下まで通じているので、山頂の駐車場から約30分で山頂へも気軽なハイキングで行ける。

木曽川から望む伊吹山

それでも、一般に登山対象として考えると、古くから登山者に最も親しまれている南斜面を登る登山道が滋賀県米原市(旧伊吹町)にある。公共交通機関を利用すると、JR東海道本線の近江長岡駅で下車し、バスで登山口まで行く。バスを降りると山麓に三宮神社があり、ここが登山口だ。

ただし、夏の観光シーズンに行くのは避けたいと思う。せっかく登った山頂で、安っぽい音楽がガンガンかかり、伊吹山ドライブウェーを利用して登ってきた大勢の観光客が茶店で気勢を上げて頂上部を占拠している姿を見ると、その場所に居ることに耐えられなくなる。全国の多くの登山者がそう考えているようで、『日本百名山』の中で登山対象として最も評判が悪い山とされ、他の山と入れ替えるべき山の筆頭だという意見もある。しかし、地元贔屓で言えば、名山として国内一級であることに代わりはない。歴史面では一級、山頂に貧弱ながらも日本神話のヒーロー日本武尊像が立っているし、南宮大社の項で紹介したように山麓には関ヶ原がある。他にも江戸時代に当地で修行した播隆《ばんりゅう》や円空《えんくう》の伝説など語り出したらきりがない。

垂井町にある伊富岐神社

カタクリ

風格面でも超一級。前述したように濃尾平野のどこからも、逆に近江盆地のどこからも、その特徴ある姿が見られる。以前、滋賀県草津市辺りの山に行った時、遥か北に、小さく入道頭のような伊吹山が見えて驚いたことがある。

それゆえ、山頂からの展望も抜群に良く、特に西側に広がる琵琶湖の姿は絶景で、刻々と色を変えて一日眺めていても飽きない程だ。山頂には国土地理院の一等三角点も置かれている。

さらには、薬草の山、花の山としても一級である。早春には山麓が、初夏には山頂部一面がお花畑となり、珍しい植物も多い。

だから、伊吹山へ行くなら、ドライブウェーが閉鎖されている冬季から早春に登ることをお勧めしたいところであるが、スキー場になるくらいの山である。当然、徹底した雪山準備が必要となってくる。が、その分登頂した感激も大きい。かつて、初冬に登った時、人一人いない大雪原となった山頂で、その素晴らしい景色を長時間独占して楽しんだことがある。雪が残る山麓で貴重な花々に感動したこともある。

さて、登山を対象にした時、現代の登山口が滋賀県側にあり、伊吹山の滋賀県側ばかりを気に

南宮大社・伊富岐神社

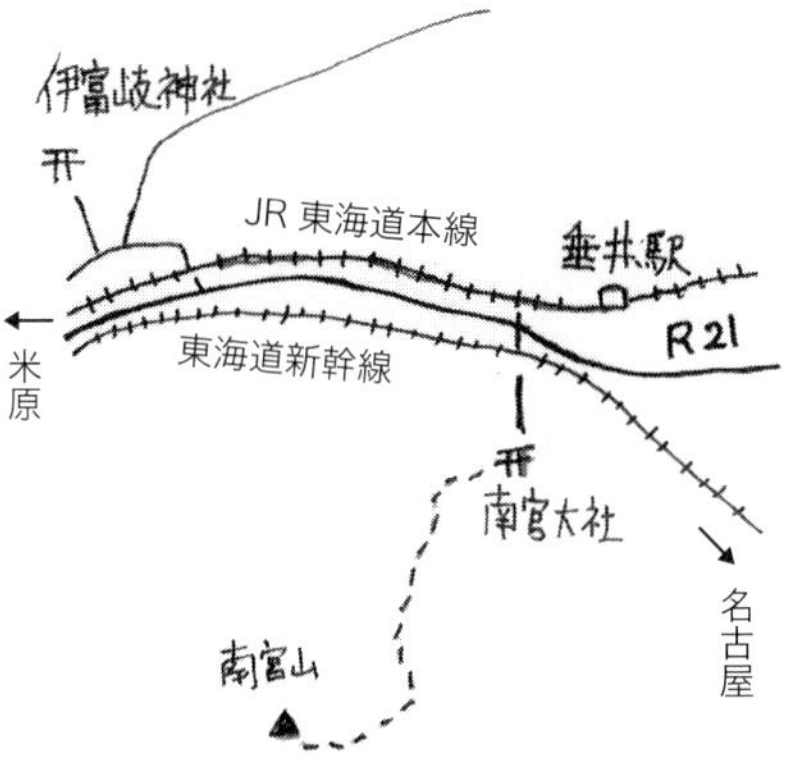

していたため、美濃国二ノ宮として伊富岐神社が現在の岐阜県垂井町にあると知って、え〜っ、何処にあるのだろうとあらためて地図を広げることになった。

　美濃国二ノ宮である伊富岐神社は、美濃国一ノ宮である南宮大社とそれ程距離が離れていない。最寄り駅は、JR東海道本線の関ヶ原駅、あるいは垂井駅となる。どちらから行っても同じぐらいの距離なので、中山道散策のつもりで一駅と思って出かけ、歩き出して後悔した。残念ながら、江戸時代の中山道は現代の国道21号線となっていて、大型車両の排気ガスに耐えながらの旅となってしまった。迂回道があれば良いが、流石に関ヶ原、隘路となった狭い谷を、国道21号線以外にも新しいバイパス道、JR東海道本線、東海道新幹線などが平行している。現代の東海道は日本経済を積んで疾走している。

　早々に国道から離れ、北に向かって丘陵地を下りていき小川を渡ると、周囲に水田が広がっている。水田の中に続く小さな集落内の細い道を進むと、背後の山と一帯となった森に包まれた伊富岐神社が、少し荒れ果て気味にひっそりと鎮座していた。無住の神社らしく境内入口に垂井町が立てた「古代豪族伊吹氏の氏神で美濃国二ノ宮、周囲に古墳など古代遺跡がたくさんある」と紹介した古い案内板が、現代社会から忘れ去られたかのようにあった。

〈アクセス〉名古屋＝（ＪＲ東海道本線　快速1：00）＝関ヶ原駅＝（徒歩　1：00）伊富岐神社（神社参拝のみ）
名古屋＝（ＪＲ東海道本線　快速1：00）＝近江長岡駅＝（バス　0：16）＝登山口（正面登山道を登る場合）

〈コースタイム〉正面登山道
登山口―（4：20）―山頂―（2：30）―登山口
〔案内〕多数
〔地図〕関ヶ原
〈難易度〉★★★★（正面登山道を登る場合）
★（神社参拝のみ）
〈霊力度〉☆☆（正面登山道を登る場合）
☆（神社参拝のみ）

美濃国三ノ宮（伊奈波《いなば》神社＋金華《きんか》山）

まっ平らな濃尾平野、名古屋駅前の高層ビルから北側や西側を見渡すと、日本最大の海抜0m地帯を実感する。そして、その背景となる周囲の山々、その最前列の前衛峰には綺麗な山容の山が幾つかある。その筆頭は大縣神社の項で紹介した尾張本宮山であるが、岐阜市近郊にある金華山も特徴がある山容だ。綺麗な三角錐ではないが、西側に少し長めに尾根を伸ばし山頂部は尖っている。この山を、古代人が目を付けないはずがなく山麓には伊奈波神社がある。伊

長良川から見た金華山

奈波神社は『延喜式』にも記載があり、美濃国三ノ宮とされている。この神社が中心だった時代には、背後の山の名前も稲葉山だった。確かに、山頂の尖り具合は、稲の葉かもしれない。

そして、１５３９（天文８）年、斉藤氏がこの山に城を築き、周囲に城下街を造った時、神社を現在地に遷座させた。

岐阜城の歴史を見てみると、１２０１（建仁元）年、二階堂氏がこの山に砦を造っていたが、15世紀になって美濃国守護代の斎藤氏が城を築いた。その後はご存知のように、１５６７（永禄10）年、織田信長が美濃国を併合して名前を岐阜城と改めた。江戸時代になって、奥平信昌が岐阜城を廃城にし、現在の岐阜市加納地区に城下町を築いた。現在の城は、１９５６（昭和31）年、鉄筋コンクリートで復元されている。

現代の金華山は、岐阜市民の憩いの山になっており、正式な登山道ではない道も含め何本も登山道がある。岐阜市周辺に住む人の中には、健康のために毎日登っている人もいるようだ。どのコースからでもゆっくり登って1時間30分程で、山頂に立つ岐阜城の横まで行ける。岐阜公園の北側から登る「冥想の小径コース」、南側から登る「百曲がりコース」などが知られている。

「冥想の小径コース」登山口からしばらく登ると伊奈波神社跡地を示す看板が立っている小さな空き地が登山道沿いの山中にある。金華山は、全山が原生林に覆われており人口40万人の都市がすぐ横にあるとは思えないような自然が残さ

伊奈波神社

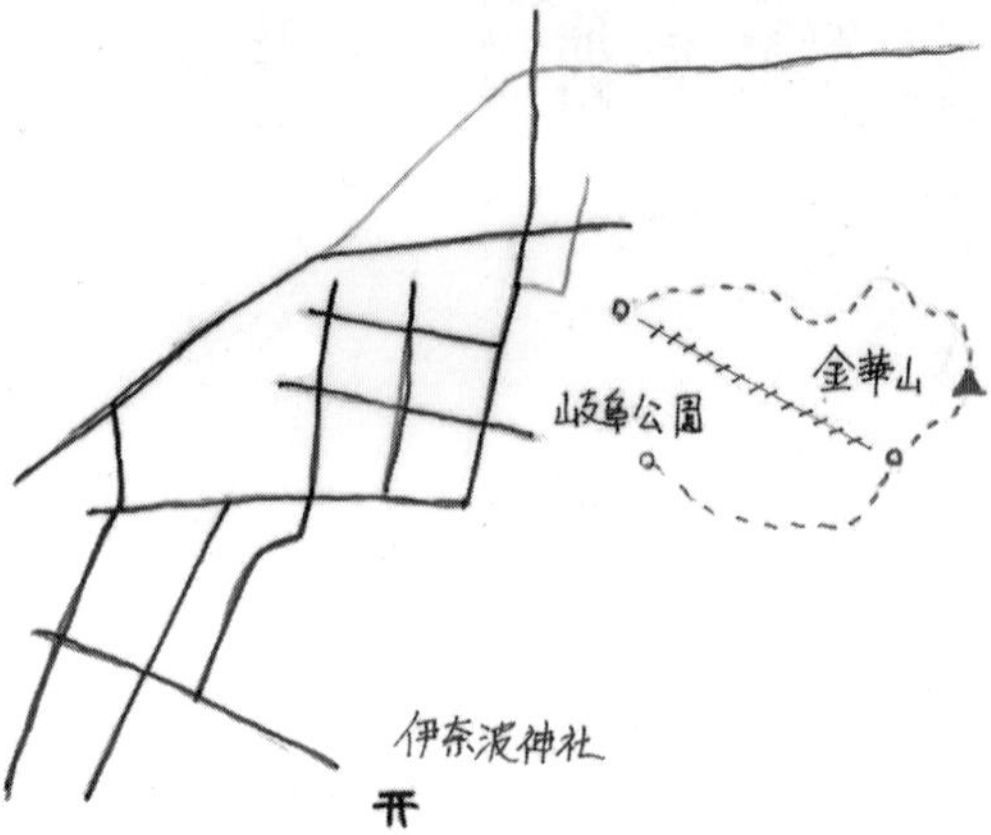

れているのは嬉しい。この自然をもっと楽しむには、岐阜市街地側から登るよりも、長良川側に伸びる東尾根上にある登山道を選ぶと、より樹木が繁茂しており、また、人気も少なくて良い。ただ、その反面距離が長くなる。

伊奈波神社の拝殿

金華山山頂（３２９ｍ）には、岐阜城が建っており、資料館というより展望台としての価値が高い。岐阜市街地はもちろん、濃尾平野全体を見渡すことが出来て、まさに「美濃を制する者、天下を制す」気分にさせられる。ロープウェーが架けられているので、誰でも山頂からの絶景を楽しむことが出来る。

一方、金華山山頂から南西方向にある岐阜駅に向かって尾根が伸びており、その直下の小さな谷間にはまり込むように伊奈波神社がある。

岐阜公園から伊奈波神社へ、岐阜の古い建物が今も残る町並みを歩いていく。金華山の急峻な山影に沿った小道で、岐阜公園がそのまま続いている気になるほど山麓も緑が豊かだ。伊奈波神社の鳥居は、市街地の中にあり、鳥居から石畳の参道が真っ直ぐ神社に向かっている。駐車場横から参道は石段となり、社務所などが建っている横を通って山影を背にした本殿に至っている。本殿の横には、小さなセセラギが流れており、その源頭は小さな泉となっていて摂社が祀られている。

〈アクセス〉名古屋＝（ＪＲ東海道本線 快速 0：20）＝岐阜駅＝（名鉄バス 0：20）＝岐阜公園
〈コースタイム〉
岐阜公園―（0：20）―伊奈波神社
岐阜公園―（1：30）―金華山山頂
〈案内〉岐阜の山歩きベスト55コース（風媒社）
〈地図〉岐阜
〈難易度〉★★ 〈霊力度〉☆

飛騨一ノ宮（水無《みなし》神社＋位山《くらい》）

「国境の長いトンネルを抜けると雪国だった」ではないが、水無神社がある飛騨一宮駅には印象深い思い出がある。「日本列島中央分水嶺の中心を貫く宮峠トンネルを抜けると、大きくカーブしながら谷底まで下りきる。そして、辛い登山を終えた安堵感を得たような感じで、ゆっくりと田舎駅に停車した。車窓を見ると、窓いっぱいに満開の巨大な桜、臥龍桜を愛でる人で溢れ

水無神社の拝殿

ていた。」何故かそんな映画のワンシーンのような映像が妙に脳裏に克明に浮かび、今でも強烈な記憶となって蘇る。多分、高山本線を利用して飛騨高山経由で北アルプスに山行した時に出会った風景だと思うが、いつだったのか記憶がない。

位山は、全国を二分する中央分水嶺のほぼ中心に位置している。つまり、ほぼ日本列島の中心部にあり、山の東側や南側から流れ下った水は、飛騨川となり、木曽川と合流して伊勢湾、太平洋に注ぐ。一方、山の西側や北側から流れ下った水は、宮川となり、さらに神通川となって富山湾、日本海に流れる。この神通川、川の名前に深い意味があるような気がする。水源を辿っていけば、飛騨国の水無神社に通じるではありませんか。

飛騨国、その中心は山中のわずかな平野部になっている高山盆地、そこの農業に不可欠な宮川の水源、水無神社は水分の神として古来より崇められていただろう。位山の周囲にある山、川上《かおれ》山と舟山とを合わせて、位山三山、あるいは、飛騨三山とも呼ばれ、飛騨地方を代表する名山でもある。位山三山は、いずれも中央分水嶺上に位置しており、水無神社の前を流れる宮川の支流を遡っていけば、これら位山三山の山頂に至る。最高峰は川上山であるが、水無神社の御神体とされているのは、水無神社から最も近く神社から山頂が望める（拝める）位置にある位山である。

蛇足ながら、古代の街道は、位山と船山との鞍部にある位山峠にて中央分水嶺を越える。名古屋に住んでいると飛騨国は遠いと感じる。古代人は日本海側から神通川を遡って飛騨国に入った気がする。

　高山線の飛騨一宮駅から宮川の流れに沿って下流へ徒歩15分ほど進んだ場所に飛騨国一宮、水無神社がある。境内に何本かの杉の巨木が立っていて、遠くから見てもその歴史の古さを物語っている。「歴史ある神社仏閣に巨木がある。逆に巨木ある場所に歴史ある古社や古寺がある。」いくつもの著名な神社仏閣へ行って何度も感じた事実である。

位山山中の天ノ岩戸

　広い境内に入り、東側に進むと杉の大木に囲まれて神門があり、その後ろには本殿が静かにご神体の名峰・位山に向かって対座している。境内からは杉の並木に隠れてしまうが、神社前を流れる宮川の河原へ出てみると、正面に、位山が両側に長い裾野をゆったりと引いた美しい三角形の姿を見せている。山の容姿からも霊山の風格を感じさせられるが、惜しまれるのは、大きく広げたスカートのような山裾の中腹に、スキー場ゲレンデが巨大な接ぎ当て模様となっている。

　水無神社に祀られている祭神は、よくわかっていないらしい。水無大神《みなしおおかみ》とされ、御歳大神《みとしおおかみ》と、その父神大歳神《おおとしのかみ》、穀物の守護神であり、五穀豊穣を約束する神様と想定されているそうだ。江戸時代末期に発生した大原騒動と呼ばれる百姓一揆で、一揆の拠点の一つとなった水無神社は、その騒乱の渦中にほとんどの社宝が散逸したそうだ。

ところで、飛騨には、「両面宿儺《すくな》」という怪物伝説が伝わっている。この怪物は、善悪という顔が二面あり、朝廷によって成敗されたということになっているが、本当は、飛騨の人々には幸福をもたらしていた飛騨の古代豪族、そして、水無神社の祭神だったかもしれないという説もあり、位山峠にある案内板に紹介されている。

ちなみに、「両面宿儺」という名前は、江戸時代初期の僧・円空が晩年に飛騨地方を訪れて彫った仏像としても知られている。円空の生涯最高傑作の一つとして知られ、飛騨山中（旧丹生川村）にある千光寺に残されているが、千光寺は水無神社の神宮寺とされている。

水無神社に参拝した後、車でモンデウススキー場に向かう。位山の山裾に広がるスキー場ゲレンデ内にある道の駅に車を駐車し、登山案内に従って、秋にはススキ原となるスキー場ゲレンデの端に沿ってジグザグと付けられた登山道を登っていく。ゲレンデの高さ半分も登ると、後方の景色が開け、晴れていれば、北アルプスや乗鞍岳の素晴らしい展望が広がってくる。

ゲレンデ内の登山道は急な傾斜が連続して、歩き始めから辛い登りで一汗かくが、飛騨の山々の景色に励まされながら登り、リフトの終点まで来ると、登山道は原生林に入っていく。ここからは、展望は無くなり深い森を登っていく。周囲には、ところどころに杉の植林地となっている場所もあるが、森の奥には、一位《イチイ》の巨木もたくさん点在し、また、御手洗岩、畳岩、御神楽岩などと命名され、かつての磐座の名残と思われる巨大な岩が点在して、全体として見事な自然公園となった森が延々と続く。巨木や巨岩を愛でながら登山道をどんどんと登って行く。

奈良時代、745（天平17）年、山中の木で笏《しゃく》を作って朝廷へ献上したところ、朝廷がその美しさを褒め、この木を「一位」と命名し、それ以来、歴代天皇の即位式には、位山の一位の

位山山頂の奥宮

木で謹製した御笏を水無神社から献上する慣例となっているそうだ。

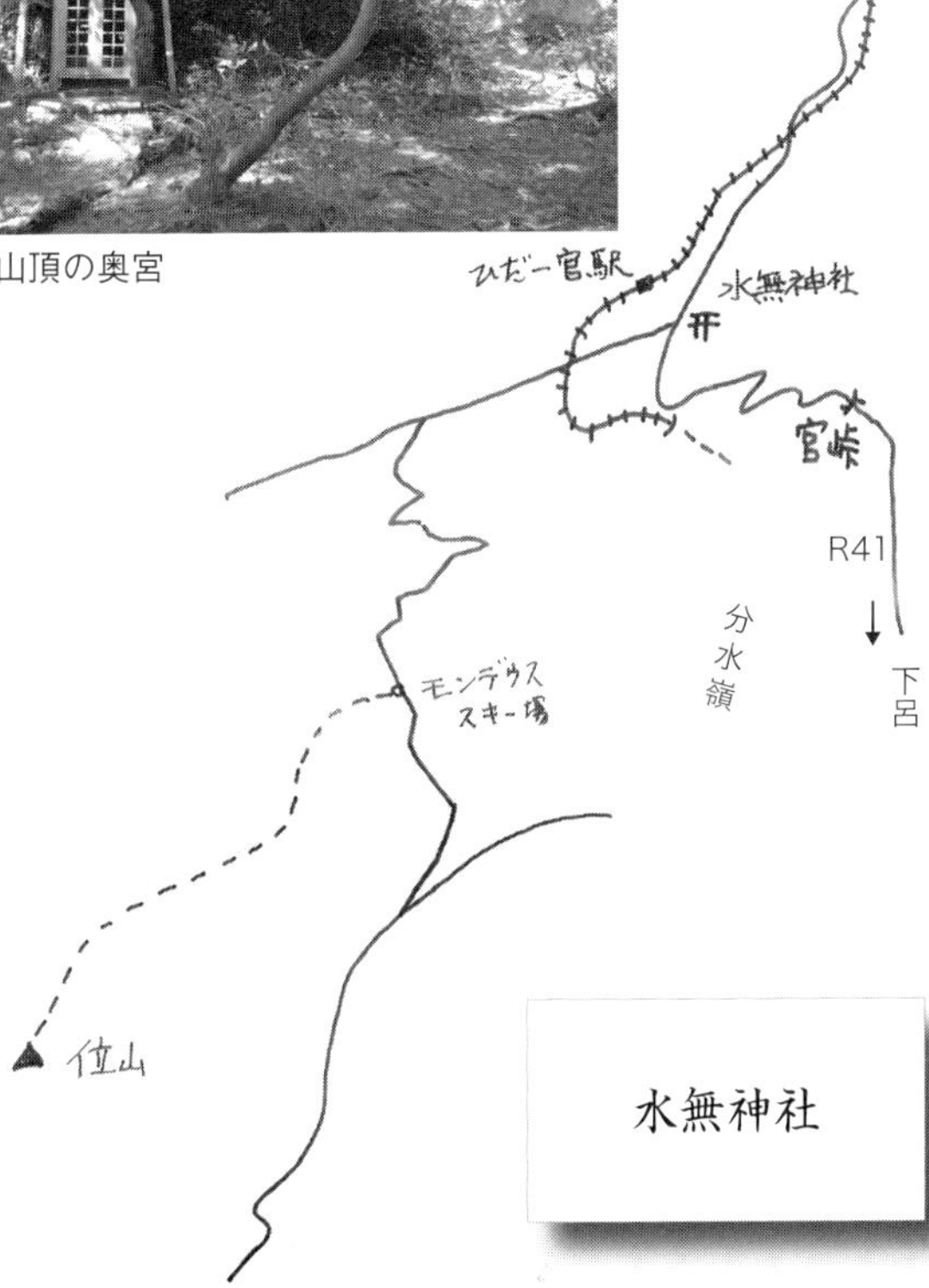

水無神社

鬱蒼とした森、神々しいまでにも歴史を感じる原生林、一位の老木を含めた天然の樹が苔むした巨岩上に根を張る風景がたくさん見られるようになると、山の傾斜も緩くなる。ダナ平林道から登ってきた巨石群登山道と合流する直前には、注連縄が張られた天の岩戸、鏡岩などと命名された磐座群が現れる。ここは、古事記の岩戸伝説、あるいは、天照大神が住む高天原伝説、など天孫降臨の伝説までが伝わり、コケなどに覆われた巨岩がある風景は、雰囲気も霊山っぽい場所である。

　さらに森を進むと、木々の高さが低くなって、一帯が平原状となってドウダンツツジの大群落となっている緩やかな起伏の山頂部に周遊コースが作られている。鬱蒼と茂った森となった山頂部の一角には、ベンチが置かれて白山方向が広く開けた展望台や、一部の木を人為的に伐採して木曽御嶽山全容を見えるようにした展望地が作られている。

　最高標高地点も鬱蒼とした森、そこには山頂として、国土地理院の三角点と頂上標識が立てられていた。そして、その周囲には滝木に囲まれた自然のままの磐座らしい大岩上に小さな祠が二つ置かれ、霊峰位山、水無神社の奥宮としての地位を伝えていた。

〈アクセス〉名古屋＝（ＪＲ高山本線　特急2：30）＝飛騨高山駅
名古屋＝（高速バス　2：40）＝飛騨高山駅＝（ＪＲ高山本線　普通0：10）＝飛騨一ノ宮駅
名古屋＝（マイカー　2：30）＝飛騨一ノ宮駅
〈コースタイム〉
飛騨一ノ宮駅―（0：05）―水無神社
モンデウススキー場―（2：00）―位山―（1：30）―スキー場
〔案内〕岐阜県の山（山と渓谷社）
〔地図〕位山
〈難易度〉★★★★　〈霊力度〉☆☆☆

信濃国一ノ宮（諏訪《すわ》大社と守屋《もりや》山＋御射《みさ》山）

名古屋から新潟や東北地方へ飛行機で旅をすると、日本のほぼ中央で、眼下に大地の瞳のような大きな湖が見える。長野県にある諏訪湖

杖突峠から見た諏訪湖

である。諏訪湖は、南アルプス、霧が峰や八ヶ岳、そして、塩尻峠がある塩嶺など周りを山々によって囲まれた諏訪盆地、その盆地のほとんどを占める大きな湖で、その湖畔に諏訪大社がある。

日本神話『古事記』で、ヤマト政権に最後まで抵抗して疎外された神・建御名方神《たけみなかたのかみ》と、諏訪へ追放されてから得た妻・八坂刀売神《やさかとめのかみ》を祀っている。諏訪神社は、長野県を中心に全国に末社が3000社以上あり、逆に、長野県には奈良京都に本山がある著名な神社の末社が少ない。ある意味、信濃国は地方性が大変強く、諏訪神社は特殊な神社とも言える。

特に、諏訪大社で7年毎、寅と申の年に開催される「御柱祭」は、縄文時代から伝わる神事とも言われ、2010年の祭りポスターに書かれた「奥山の大木、里に下りて神となる」というキャッチコピーは、自然に神を感じる一人として感銘させられた。この年、2ヶ月かけて人力で奥山の巨木を神社境内まで運び、神社の四

御柱祭り（2010年撮影）

諏訪大社上社の本宮

隅に人力で立てる。その途中、崖や川も通る。特に35度の急坂を巨大な御柱に乗って駆け下る「木落とし」の神事は、古代人が神聖視していた巨木、すなわち、自然に存在する神霊の霊力を祭りに参加する者全員が浴びようという気持ちの具現化という説もあり、毎回負傷者や死亡者が出ても永遠と続けられている。このように、諏訪神社は、太古からの信仰の痕跡を多く秘め、今なお特殊な信仰を伝えている。

また、諏訪地方の風物詩「御渡り」は、冬季に諏訪湖が凍結し、氷結した湖水が湖の上に線状に盛り上がる自然現象であるが、建御名方神が妻・八坂刀売神に会いにゆく証拠とされ、仲睦まじい縁結びの御利益を祈願する人も多い。

その諏訪大社は神社構成に関しても特異性がある。諏訪地方以外の地域常識で言ったら、一つだけでも立派な大神社と呼べる、広い境内を持つ大きな神社4つの総称となっている。縄文時代から続く神社の歴史が絡んでいるらしい。

すなわち、諏訪湖沿岸の東南部に位置する諏訪神社の上社、上社には本宮と前宮があり、行政的には、本宮は諏訪市であり、前宮は茅野市

諏訪大社下社の秋宮

にあり、最寄り駅もＪＲ中央本線の茅野駅である。一方、諏訪湖岸の湖北中央部に位置する諏訪大社の下社、下社には秋宮と春宮があり、この二宮は行政的には下諏訪町に含まれ、最寄り駅は下諏訪駅である。その2社4宮をまとめて諏訪大社と言う。かくいう私も詳しい関係をこれまで知らず、下社春宮しか参拝したことがなく、今回初めてその4社全てに参拝した。

なお、中世までの上社前宮は、現人神として統治した大祝《おおほうり》の官居であった。戦国時代になって、甲斐国の武田信玄が、諏訪地方を武力制圧し、大祝家の諏訪氏を滅亡させ、諏訪一族出身者である諏訪御料人を側室に置いた。そして、諏訪御料人が信玄を継いだ勝頼の母となった話は歴史文学によく使われる。

さて、上社の奥宮は、上社前宮の背後に聳え立つ守屋山山頂部にあり、前宮から登る道もあるようだが、現在は、前宮前を通る国道１５２号が、杖突峠を越えて高遠町に続いており、杖突峠に守屋山登山口がある。

杖突峠はすでに標高１２３０ｍ、周囲は緩やかな起伏にある山腹で全山がカラマツの植林帯となっている。途中までは、林道も交差する広い遊歩道がカラマツ林の中に続いている。そこには、小さな湿原上に木道が通り、人為的に作られたザゼンソウ（座禅草）公園がある。

そして、公園の一番奥には注連縄が張られている。そして、その下が登山口となっていて登山道が始まり、道幅も細く傾斜も少し急になって本格的な登山となってくる。しかし、尾根上

守屋山山頂部にある守屋神社

まで登ると展望が開け、前方に守屋山が見える。

　傾斜が急になったりなだらかになったりしながら、尾根上の登山道を進むと、だんだん木々が低くなり、樹間を透かして前方に山頂の祠が見えてくる。

　山頂部は細い尾根上になっていて、最初の山頂に、磐座と思われる巨岩の間に、暴風雪を避けるためなのか、鉄枠で囲まれた守屋神社の祠と標石が建てられている。鉄枠で囲まれた祠からは霊力を感じさせない。ということで、現代登山として最高標高点を目差しさらに進む。尾根通しで低い潅木帯となった尾根上に、磐座と思われる巨岩が集まっている小さな頂がいくつも続いている。それらを辿りながら最高峰の山頂に10分程で到達する。尾根上の道は、四方の展望が良く、晴れれば北アルプス、木曽御嶽山、中央アルプス、そして間近に南アルプス北部の山々が見張らせる。八ヶ岳なども望めるはずであるが、私が到着した時には、北方には濃い雲がかかっていた。

　一方、下社の奥宮は、霧ヶ峰高原の一角にある御射山《みさやま》にある。現代の霧ヶ峰は、観光道路であるビーナスラインを利用すれば、自家用車でも手軽に訪れられる。

　霧ヶ峰の最高峰は車山で、山頂へリフトも架かっており、シーズンともなるとたくさんの人が、車山から八島湿原に向かって散策している。その途中に御射山がある。霧ヶ峰高原全体は草原が広がっており、春はツツジ、夏はニッコウキスゲ、初秋はマツムシソウという花が高原一

諏訪大社

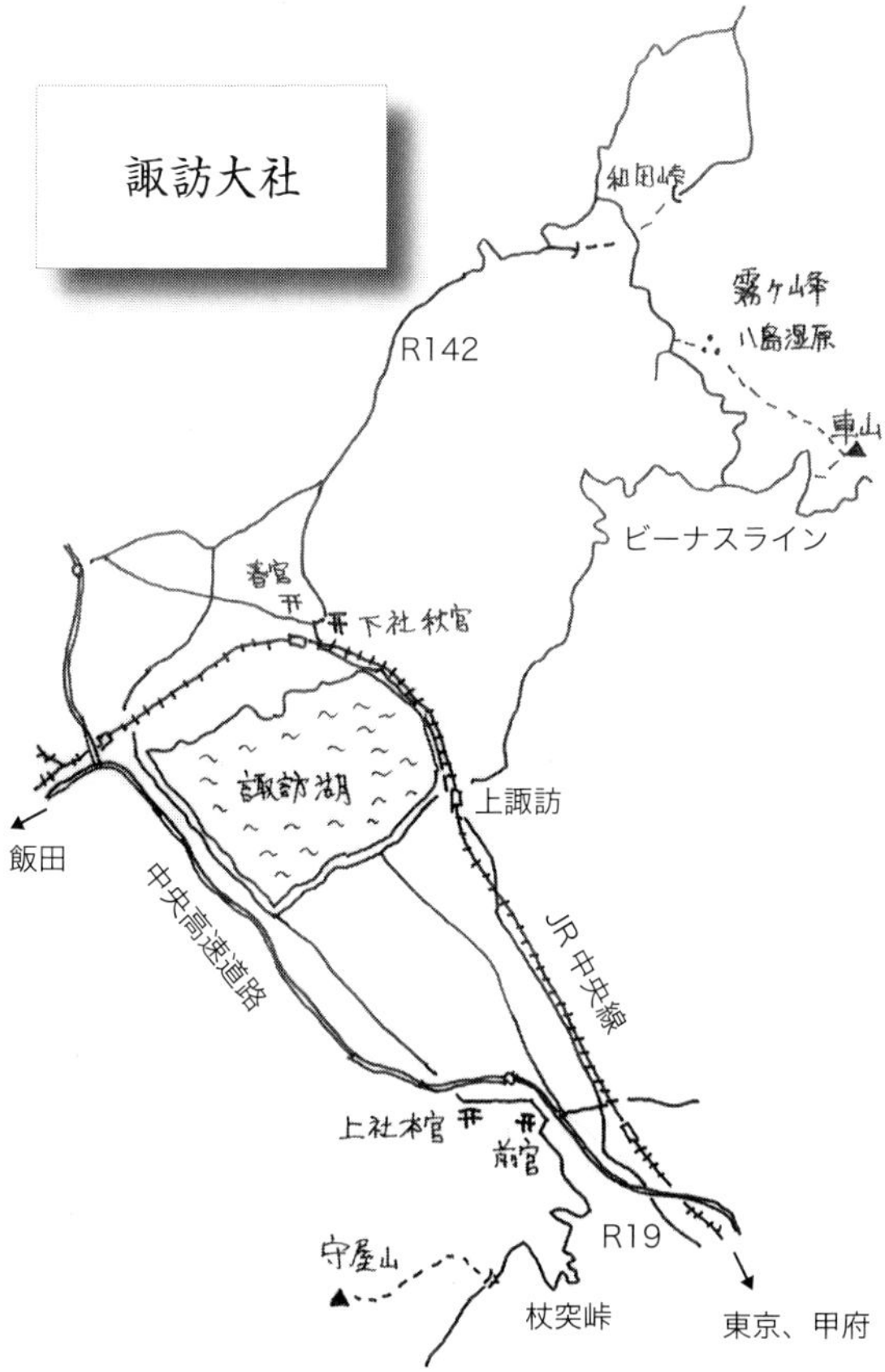

面に咲き競う。そして、高台に立てば、北アルプスや八ヶ岳など周囲の山々が展望出来、多くのカメラ愛好家が集まって、遠くの山と花々の群落を狙っている。霧ヶ峰には諏訪神社の神域と知らずに何度も訪れていたが、御射山ヒュッテ横に諏訪神社の小さな祠、すなわち、下社奥宮が存在していることを、一ノ宮に興味を持つまでは、認識していなかった。

かつて神々の聖地だっただろう八島湿原付近には、木道が整備され、春から夏にかけての花々の季節には、駐車場を探すのに苦労するぐらい観光客が溢れている。この風景からは古代の面影などまったく感じられないが、八島湿原や御射山周辺には縄文時代の遺跡もあるそうで、江戸時代元禄年間までは、ここで神事が続けられていたそうだ。

また、八島湿原は、下社春宮の横を流れる観音川の水源でもあり、この川の上流部で「御柱祭」に使われる大木が切り出され、この川に沿って、「木落とし」神事が開催されていることを祭を見学に行った２０１０年に初めて知った。この川の流れに沿って延々と林道が続いており、その道沿いに御射山まで登ることも出来るようだ。

ついでの話であるが、御射山がある霧ケ峰のすぐ隣には美ヶ原という有名な高原がある。こちらへもビーナスラインが山頂である王ヶ頭近くまで続いており、手軽なハイキングコースもたくさんある。そして、霧ヶ峰と美ヶ原を分ける峠が和田峠である。和田峠は江戸時代の中山道の難所として歴史散策に興味深い場所でもある。現在は、国道１４２号線のバイパス道が新和田トンネルとなって山腹をぶち抜いているが、旧中山道を歩きたい人のために、旧国道も残されている。この和田峠は古代史ファンなら知っておきたい場所でもある。旧中山道和田峠付近を通ると、道端に軽くて黒い石がゴロゴロしている。黒曜石である。黒曜石は石器時代に鏃など武器の原料として使われた石であり、和田峠産の黒曜石が全国の遺跡から発見されているそうだ。諏訪大社を祀っていた古代豪族は、この黒曜石の利権で勢力があったのかもしれない。

〈アクセス〉

◆上社

名古屋＝（JR中央本線　特急1：55）＝塩尻駅＝（JR中央本線　特急0：15）＝上諏訪駅―（徒歩0：30）前宮―（徒歩0：30）―本宮（神社参拝のみ）

名古屋＝（マイカー　3：00）＝杖突峠（守屋山へ登る場合）

◆下社

名古屋＝（JR中央本線　特急1：55）＝塩尻駅＝（JR中央本線　特急0：11）＝下諏訪駅―（徒歩0：10）秋宮―（徒歩0：20）春宮（神社参拝のみ）

名古屋＝（マイカー　4：00）＝霧ヶ峰
または、名古屋＝（ＪＲ中央本線　特急1：55）＝塩尻駅＝（ＪＲ中央本線　特急0：20）＝茅野駅＝（バス　1：00）車山高原
（御射山へ登る場合）

〈コースタイム〉
◆守屋山
杖突峠―（2：10）―守屋山―（1：40）―杖突峠
◆御射山
車山高原―（0：40）―車山―（1：15）―八島湿原―（1：15）―車山高原（霧ヶ峰ロイヤルイン前）
〔案内〕多数あり、例えば、長野県の山（山と渓谷社）

〔地図〕
◆守屋山：茅野、信濃富士見、辰野、高遠
◆御射山：霧ヶ峰
〈難易度〉
◆守屋山：★★★
◆御射山：★★★
〈霊力度〉
◆守屋山：☆
◆御射山：☆☆

美ヶ原

コラム◉深田久弥の『日本百名山』……………………

『日本百名山』は、深田久弥氏が１９６４（昭和39）年に文学的に大成された著作で読売文学賞を受賞している。

文学的な格調の高さもあって、現在最も市民権を得ている名山の選定結果だが、東日本に偏っている、選ばれた山域が昭和30年頃の交通事情に影響されている、など、異論も多い。

歴史的に見てみれば、江戸時代にも谷文晁が『日本名山図会』という本を残しており、全国の88個の山が選ばれている。その多くが『日本百名山』にも含まれている。その後、１９７７（昭和52）年、日本山学会が全国の会員意見を取りまとめて『日本三百名山』を、１９８７（昭和62）年、深田久弥氏の日本百名山ファンクラブである「深田クラブ」が『日本二百名山』を選定している。

いろいろな山へ登っていると、日本全国にある山を選んで私の『日本百名山』を選定しようという気になる。深田久弥氏が言うように、知的ゲームとしてはとても面白い。現在登山愛好者の多くの人にとって、百名山に登ることが生涯目標の一つになっているが、日本二百名山を登れば、自分の日本百名山を選べるような気がする。

さて、深田久弥氏は、百名山を選定する時の補足条件として、山の標高について千m以上という条件を加えている。標高千m以上ある各国一ノ宮のご神体とされる山は多くないので、『日本百名山』に入っている山はそれほど多くない。本文中にもあるが、駿河国の富士山、出羽国の鳥海山、肥後国の阿蘇山など、面白いところでは、薩摩国の開聞岳などが入っている。その一方で、飛騨国の位山、日向国の尾鈴山、岩代国の御神楽岳などは、日本二百名山に入っている。いずれもその地方の名山であり、もし、私が『日本百名山』を選んだ時には、入れ替え候補となる気がする。

3. 三重県の一ノ宮巡り

伊勢国一ノ宮（椿大神社《つばきおおかみやしろ》＋入道ヶ岳《にゅうどうがたけ》）

三重県と滋賀県の県境を形成する鈴鹿山脈は、伊勢平野から急激に立ち上がり、山麓に位置する四日市市などの海岸線から見ると、セブンマウンテンと称される山々の鋭い頂が天空に綺麗に並んでいる。伊勢湾対岸の知多半島沖にある中部国際空港セントレアのターミナルから見ても、鈴鹿山脈は伊勢湾をはさんで見事なスカイラインを形成し、東海地方のランドマークとなっている。その鈴鹿山脈の南部、入道ヶ岳から伊勢平野に飛び出した枝尾根の先にある麓に椿大神社が鎮座している。椿大神社は伊勢国一ノ宮とされる。

杉の巨木が並ぶ参道

近畿日本鉄道の四日市駅から三重交通バスの山本行きに乗車する。山本は、椿大神社のある集落の地名で、椿大神社の宮司も山本さんだそうだ。山を神とする神社の所在地名が山本、山のもと、これは面白い。

話が脱線するが、三重県の県名由来は、古事記の中で「瀕死の日本武尊が、足が三重になって歩けないと言った」とされる故事からであり、日本武尊が白鳥になって飛び立ったと伝わる地が同じ鈴鹿市にある加佐登神社で、椿大神社からも近い。

四日市市や鈴鹿市の海岸部は近年急速に市街地化が進んでいるが、山本集落の近くまで行くと、以前と変わらない茶畑が広がっている。その伊勢茶として出荷されている茶畑の真ん中に巨大な鳥居があり、これまた昔の風景のまま立っている。

椿大神社の拝殿

隣接して鎮座する椿岸神社

ところで、伊勢国一ノ宮は伊勢神宮ではない。各国一ノ宮とされる神社は、国司が地方に赴任した時、挨拶に行く場所で、地方有力者である地元豪族の氏神が多い。中央政権すなわち天皇家の先祖を祀る神社は含まれない。尾張国の熱田神宮もしかり、霧島神宮など南九州地方にある天皇家直系とされる名社もことごとく含まれていない。このことより、大和政権が地方豪族

入道ヶ岳山頂部にある奥宮

に対して緩やかな支配をした連合国家であり、それぞれの氏神を一ノ宮として祀ったことを示しているという説もある。日本神話に登場する神々には、天から天孫降臨したとされる天津神と、元から地上にいた国津神がいて、猿田彦命は国津神の代表ということになっている。

さて、椿大神社は、日本神話において最強の脇役登場人物である猿田彦命を祀る本宮である。何故、椿大神社が伊勢国、現在の三重県鈴鹿市にあるのか不思議ではあるが、大和政権が天照大神を祀る神社を伊勢に祀ろうとした時、猿田彦命が自分の土地を提供したとされ、伊勢神宮がある伊勢市内にも猿田彦神社がある。

話は戻して、山本のバス停は、巨大な杉並木となっている椿大神社入口正面にある。巨木の杉が鬱蒼と茂る広い深い境内に真っ直ぐ続く参道を歩いて行くと、周囲の森の中に、巨大な大岩の御船イワクラや小さな祠、そして境内に隣接して椿岸神社や松下電器創業者の松下幸之助氏が寄進した茶室などが静かに佇んでいる。

先ずは正面の椿大神社の本殿へ参拝する。椿大神社には、『古事記』の猿田彦命《さるたひこのみこと》、そして、隣接して鎮座する椿岸神社には天之鈿女命《あめのうずめのみこと》を祀っている。

日本神話には「天孫降臨しようとした時、地上には、醜い天狗鼻の猿田彦命が待ち構えていて、不審に感じた天孫は、何者か確かめるために、交渉人として天之鈿女命を遣わすと、猿田彦命は、地上世界を案内しようと待っていたと答えた」とある。この神話から猿田彦命は、道案内の神、幸福への道開きの神、現代社会においては交通安全の守護神としての信仰を集めている。後に、この二人は夫婦になり、二人が夫婦神であることから、縁結びの導き神としても崇められている。

さらに、天之鈿女命といえば『古事記』の中にある有名な話、すなわち、天照大神が天岩戸に隠れられた時、神々が相談し「扉の外で大騒ぎをすれば、天照大神が何だろうと思って扉を開き、岩戸から出て来られるだろう」という作戦が立てられた。そして、「天之鈿女命が性器もあらわに踊って、神々が大騒ぎをして作戦は成功した。」という神話から、ストリップの元祖、舞踊などの芸能上達を成就する神、さらには、水商売の守護神として椿岸神社は崇められており、神社境内には、芸事の修行で用いた扇を奉納するための扇塚、芸能に秀でるよう祈願する絵馬掛けもあり、芸能人の参拝も多い。

私は、日本神話の中で最も人間臭いこれらの話が好きで、女性が縁結びを祈願するなら、天之鈿女命を祀る椿岸神社が最強の神社だと思っている。ただし、相手が猿田彦命のような醜男となる場合もあるかも。

さて、鈴鹿の山々は、名古屋地区から最も身近な山で、登山をしている人ならば、トレーニングの場所として何度もお世話になっている。入道ヶ岳にも何本も登山道があるが、霊山を訪ねるために北尾根登山道を登り、二本松尾根登山道を下ることにした。

椿大神社の横を通り、川に沿って神社の裏側に行くと、入道ヶ岳登山口の案内板があり、先ずは末社の小さな祠がある場所まで、道脇に椿が植林された急な石段となった道を尾根に沿って一気に登っていく。ウォーミングアップなしで登るには余りにも急な登りで、すぐ息が切れるが、祠の前で、気を取り直し、一歩一歩、急な斜面にジグザグに付けられた登山道を雑木林

椿大神社

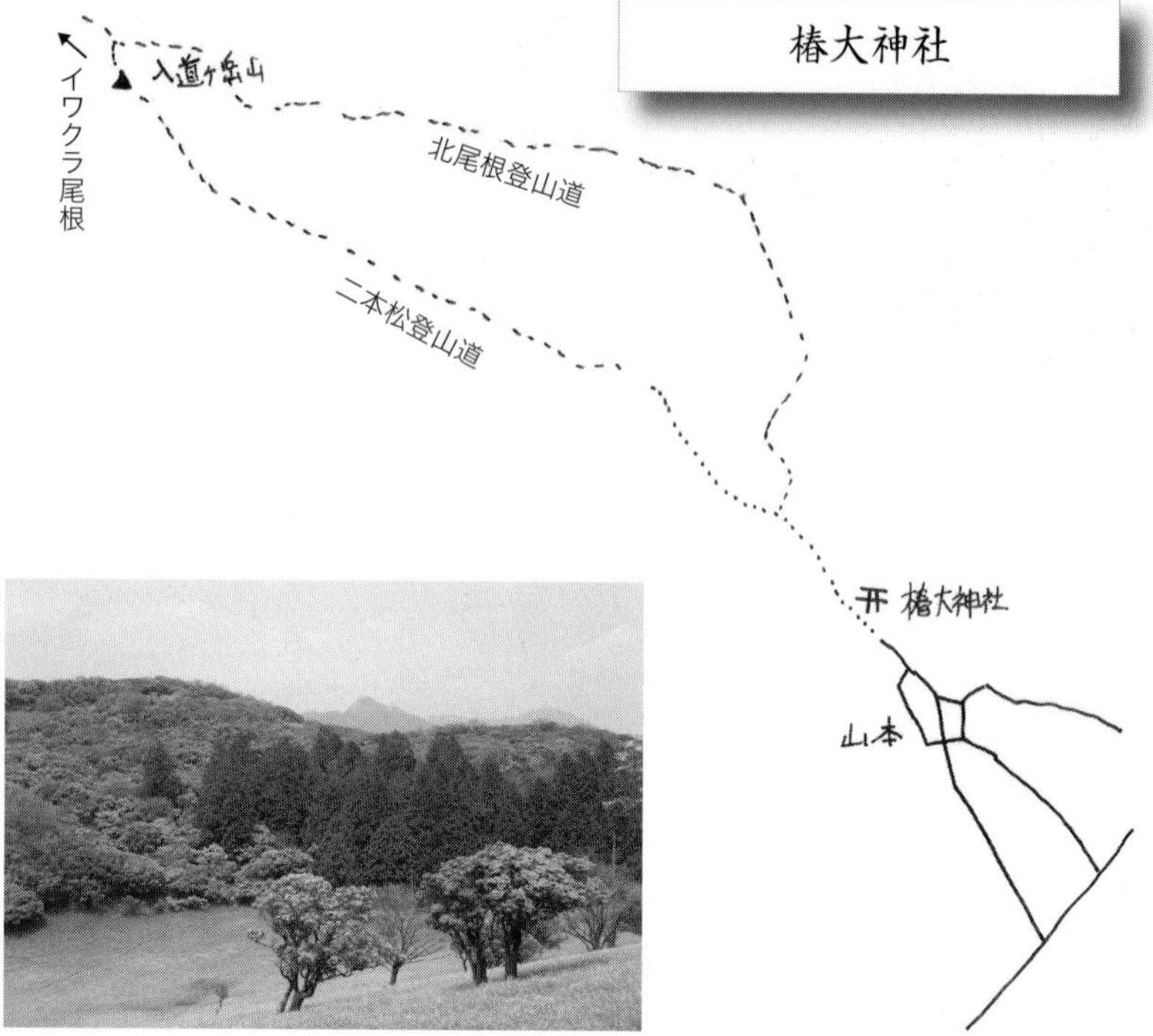

山頂部を彩る馬酔木の群落

となった美しい森を楽しみながら登る。

　鉄塔がある場所で、いったん傾斜は緩くなるが、すぐ再び急な傾斜になる。雑木林に包まれて終始展望は利かなく、しばらく我慢の登山が続くが、どんどんと高度を稼いでいくし、原生林の空気は大変清々しい。樹木が低くなって馬酔木《あせび》の木が増えてくると、傾斜も緩くなり、頂上部が近づいたことがわかる。

　そして、登るにつれて展望も開き始め、北方向には、鈴鹿山脈の主稜線にある御在所岳や鎌ヶ岳が見えてくる。

　入道ヶ岳山頂付近は、丸くなだらかに広がる笹原となっており、広い山頂部には馬酔木の群落があり、花の時期には極楽のような景観となる。山頂が近付くと、遠くから眺めても休んでいるたくさんの登山客や道標などが見え、山頂とわかる。先ずは、椿大神社の奥宮に参拝する。奥宮がある小さな頂には、いくつもの磐座らしき大きな岩が笹薮の中に隠されていることを、初めて認識した。そして、この奥宮から鈴鹿山脈の主稜線にある鎌ヶ岳などへ縦走も可能であるが、この縦走路はイワクラ尾根と呼ばれていたことに、この時気づいた。同じ山でも新しい発見があることも山の楽しさでもある。奥宮からみると、イワクラ尾根の途中に大小たくさんの大岩が天に向かって立っているのが遠望出来る。

山麓から見た入道ヶ岳

奥宮から緩やかな笹原をいったん下って、登り返すと、入道ヶ岳山頂である。天気が良ければ、眼下に、伊勢平野全体はもちろん、大きく広がる伊勢湾が見渡せる。

さて、下りに通った二本松尾根の登山道の方が霊山らしい。先ずは馬酔木のトンネルが続くが、そのまま、椿などの常緑広葉樹の森、その森床にはコケに覆われた倒木などが独特な風景を作り出す深い森に入っていく。下るにつれ、小さな沢がだんだん集まって清らかな流れを作っている。この森は、椿大神社の霊山としての原始性を保って、県指定の自然林として保護されていると、壊れかけた案内板に説明がある。そんな天然林の空気を吸いながら歩いていくと、日頃のストレスを吹き飛ばす自然の活力を感じる。今流行りのパワースポットの定義は、こんな場所にあるとあらためて思う。

最後に山の尾根末端まで下ると、杉の植林地帯に入り、最後に大きな岩がゴロゴロしている広い河原に飛び出す。ここから河原に造られた林道を散策気分で歩いて椿大神社まで戻る。

〈アクセス〉名古屋＝（近畿日本鉄道　急行0：35）＝四日市駅＝（三重交通バス　0：55）＝山本

なお、山本へは、JR関西線の加佐登駅から鈴鹿市営の巡回バスもある。

〈コースタイム〉（上り）北尾根コース

（下り）二本松コース

山本―（2：40）―入道ヶ岳―（1：50）―山本

〔案内〕多数あり。

例として、『三重県の山』（山と渓谷社）

〔地図〕伊船

〈難易度〉★★★★　〈霊力度〉☆☆

伊勢国二ノ宮（多度《たど》神社＋多度山）

名古屋駅前の高層ビル展望台から西方向を望むと、濃尾平野の末端に養老多度山脈が、ほとんど高低差がないだらだらとした長い尾根を見せている。見る山としてはまったく魅力がない姿であるが、古代史あるいは地理学的に面白いのは、山脈の南端に多度大社、北端に南宮大社という大きな神社がそれぞれあることだ。そんな折、町田宗鳳氏の『山の霊力』という著作に書かれてあった「原始時代において、人々は山を巨大な大蛇と考えており、その先端を頭部と考えて、山麓に神社を建てた」という説を読んで、なるほど、この養老多度山脈も、確かに巨大な大蛇が濃尾平野に寝ているようにも見える。大蛇の形状をした霊山、その気になってみると名古屋から見える山容も良い。そして、例えば桑名市にある港、七里ノ渡の跡公園付近から多度山を見ると、頭というよりは、目に相当する場所に多度神社があるではないか、と感心したことがある。

津島市から見た多度山（大蛇に見える？）

ところで、現在は鈴鹿市にある椿大神社が伊勢国一ノ宮とされているが、古文書的な研究によると、現在の桑名市にある多度神社が、古代においては伊勢国の筆頭神社だったと考えられている。多度神社は『延喜式』などでは大社の扱いをされ、当地に強い権限を持っていたらしいし、「多度神宮寺千手堂」など多度に関する記述が残る中世の古文書も多数あり、周囲の崇敬を集めていたようだ。しかし、中世には地震や火災もあり、さらに、多度大社にとって最悪だった歴史は、戦国時代に隣国尾張国で織田信長の勢力が勃興したことだった。織田信長に対し、伊勢国の豪族は対抗勢力となって徹底抗戦し、多度神社で呪祈した。このため、織田軍による伊勢国侵攻において、多度神社周辺はすべて焼き討ちされた。そのため、古代から多度神社が所蔵していた書類や宝物はほとんど無くなったと伝えられている。

さて、名古屋から最も近くにある山の一つである多度山、山地の西側は断層面になった急峻な地形となっている。また、山腹のほとんどがミカン畑や植林された針葉樹の人工林であるため、自然を満喫するために登ろうという気にもなれない。私の父が若かった頃には、多度山へマツタケを採りに行ったとされ、私が若い頃までは松など自然林も残っていた里山だったが、高度成長期を経て大事な何かが失われてしまった気がする。

今回は久しぶりに神の山へ登ってみようと、名古屋から桑名駅へ、桑名駅で列車を乗り継いで養老鉄道の多度駅までやってきた。小奇麗にされた多度駅から歩き出し、かつての参道である集落内の道を多度神社へ向かう。他神社の門前街同様、かつて土産物屋が並んでいた門前街も残念ながらすっかり寂れ数軒の老舗のみが残っている。

狭い谷にある神社の境内

渓流上に鎮座する神社本殿

多度神社の境内は、多度山地にある小さな谷間にある。鳥居を潜り、上げ馬神事に使われる坂に沿って急な勾配の石段を上がると、広場となっていて社務所などが建っている。さらに、自然の森が美しく包む小さなせせらぎに沿って石段を登っていくと門があり、潜ると小さな滝の横に本宮と別宮が並んで建っている。本宮に天《あま》津彦根命《つひこねのみこと》、別宮に一目連神社があり天麻比止都《あめのまひとつ》彌命《のみこと》が祀られているが、前述した美濃国の南宮大社の祭神とも関わりがあるそうだ。

参拝を終えて引き返し、神社の西隣にある千手堂にも参拝する。堂内には千手観音菩薩像と十一面観音菩薩像があるが、多度神宮寺だった法泉寺に安置されていた仏像の可能性があるらしい。近年発掘された仏像であり、焼け跡、修復跡があり前述のように織田信長に焼き討ちされた仏像かもしれないそうだ。

多度山には数本のコースがあるが、千手堂横から多度山の山肌に付けられた車も登れる細い道を歩いて登っていくと愛宕神社に着く。ここからハイキングコースが多度山頂にある山上公園まで続いている。この道の左側は、多度神社の神域なのか常緑広葉樹が主となった当地方らしい自然の森になっているが、右側は綺麗に整備された杉の植林地である。整備された歩きやすい道を山上公園まで標高差は約４００ｍ足らず、最初は急な勾配もあるが、一汗かくほどで到着する。しかし、かつては見晴らしが良かったはずの山上公園も周囲に植林された杉が歳月を経て大木となり、素晴らしかった展望をすっかり隠してしまっている。その一方で、幾つあるのかと呆れるほど、あちらにもこちらにも、たくさんの通信施設が杉林の間に立っている。

さて、大蛇の背中である。多度養老山地の最高峰は、養老山の横にある笙ヶ岳（９０４ｍ）だが、多度山地の最高峰（６６６ｍ）は、石津御嶽山（６４０ｍ）の横にある無名峰である。多度山上公園から石津御嶽山を経て二ノ瀬越林道まで尾根通しにハイキングコースが整備されている。とはいえ、山地の一部には自然林が残っているものの、ほとんどが杉の植林地となっている。こちらも歳月を経て大木となったため展望がほとんど利かない。さらに、植林地整備用の林道が尾根上にまで続いていて、山頂部まで人里の香りに満ちていて、神々が現れそうな雰囲気はまったくない。一番いけないのは、多度山が中部国際空港に離着陸する空路下になっており、時折航空機の爆音が響き渡る。

ということで、多度山は、大蛇の頭部のみを

多度神社

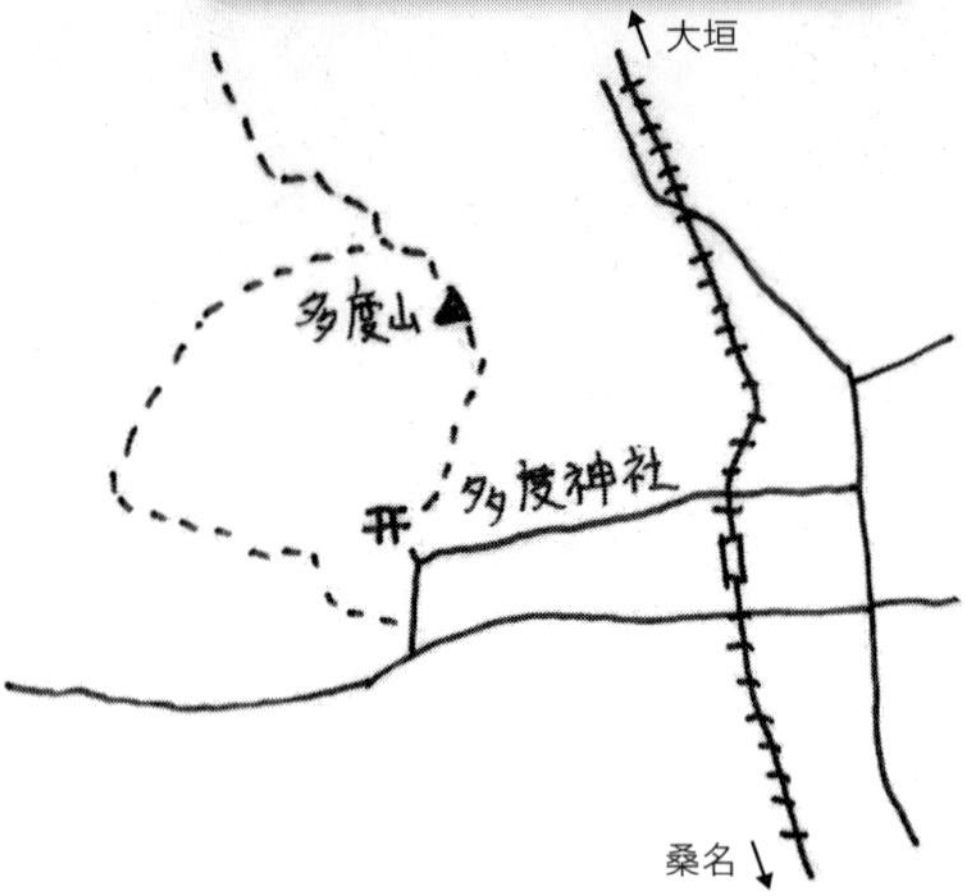

散策して、雑木林の中に続く道を多度峡に向かって下りていったほうが良いだろう。山上公園からもしばらく登り道が続くが、石津御嶽山への道を分岐すると下り道となり、多度大社の背後を大きく周遊しながら歩き、瀬音が大きくなってくると多度峡に入っていく。神社の周辺だけは、新緑の頃、紅葉の頃には僅かに自然を楽しめるが、名古屋という大都会に近過ぎるため、山の霊力度はすっかり失われてしまっている気がする。

〈アクセス〉名古屋＝（近畿日本鉄道　急行０：21）＝桑名駅＝（養老鉄道　０：15）＝多度駅
〈コースタイム〉多度駅―（０：30）―多度神社―（２：30）―山上公園―（１：30）―多度神社

〔案内〕多数
〔地図〕弥富、阿下喜
〔難易度〕★★　〔霊力度〕☆

志摩国一ノ宮（伊雑宮《いざわのみや》＋青峰山《あおみねやま》）

伊雑宮の本殿

三重県には三つの国がある。この内、志摩国というのは、志摩半島という区切られた地形であるため地理的にはわかりやすい。しかし、小面積、しかも、ほとんど平野が存在しない、いわゆるリアス式海岸線で囲まれた山地がなぜ一国扱いされているのか疑問が起こる。でも、平安時代の古書『延喜式』に書かれているように、伊勢神宮からおよそ15㎞という近い距離に位置し、常に新鮮な魚介類や塩などの「海の幸」を神宮に納めていた、過去も現在も伊勢神宮への特殊な機能を持つ「御食国《みつけのくに》」だったと説明されると納得がいく。現代も志摩地方は、イセエビ、アワビ、的矢ガキなど豪華食材の産地だ。

しかし、志摩国の一ノ宮とは、伊雑宮というこれまた不思議な神社とされている。志摩国の場合には、一ノ宮とも言わないようだが、伊勢神宮（内宮）の別宮十四社の一つとされ、伊勢国以外にある一社として特別に扱われているそうだ。祭神も、内宮と同じ天照坐皇大御神御魂《あまてらしますすめおおみかみのみたま》とされ、伊勢神宮の一部と考えて良いだろう。

その一方で、伊勢神宮自体が元は皇祖神を祀っていたわけではないという説もあり、伊雑宮も地方豪族の祖霊神の一つだったという解釈もある。それゆえ、青峰山を御神体とする説も

山中にある正福寺

ある。私は伊勢湾から見たことはないが、青峰山は洋上から遠望するととても綺麗な三角形をしている山らしい。海上の船にとって、航行位置を知る、燈台の役割をしていたと言われ、山中にある正福寺の十一面観音は、船乗り達の守り神として信仰されていたという歴史もある。日本全国には海岸線にそびえる形の良い山が、天然の燈台として親しまれてきたようで、日本海側には白山、弥彦山、鳥海山などたくさんある。

　青峰山の登山道は四方から山頂につながっている。その中で最も親しまれているコースを登ることにして、近畿日本鉄道の松尾駅で下車する。2両編成の電車が遠ざかると、山間に居る私を静寂が取り囲む。駅前に立つ近畿自然歩道の案内に従い、谷間の小さな集落を通り抜け、雑木林の中に入っていく。

　まもなく登山道は稜線上になり、雑木の間から、松尾駅やその周辺の集落が見えてくる。周囲は椿などが生い茂る常緑広葉樹林で、岩がごろごろとして歩きにくいことを除けば、登山道としてはかなり幅広い歩道を気楽な気分で登っていく。途中何箇所かに磐座跡とも思える大きな岩が樹林に埋もれている。

　山頂に近づくと、右の谷から自動車も通れる林道がジグザグに登ってきて、歩いてきた自然歩道と合流すると正福寺の駐車場に飛び出す。縁日には売店が出来るのだろうか、駐車場横には机やベンチなどが置かれているが、今日は誰もいない。先ずは正福寺本堂に参拝する。深い山中、青峰山の山頂部にあるとは思えないよう

伊雑宮

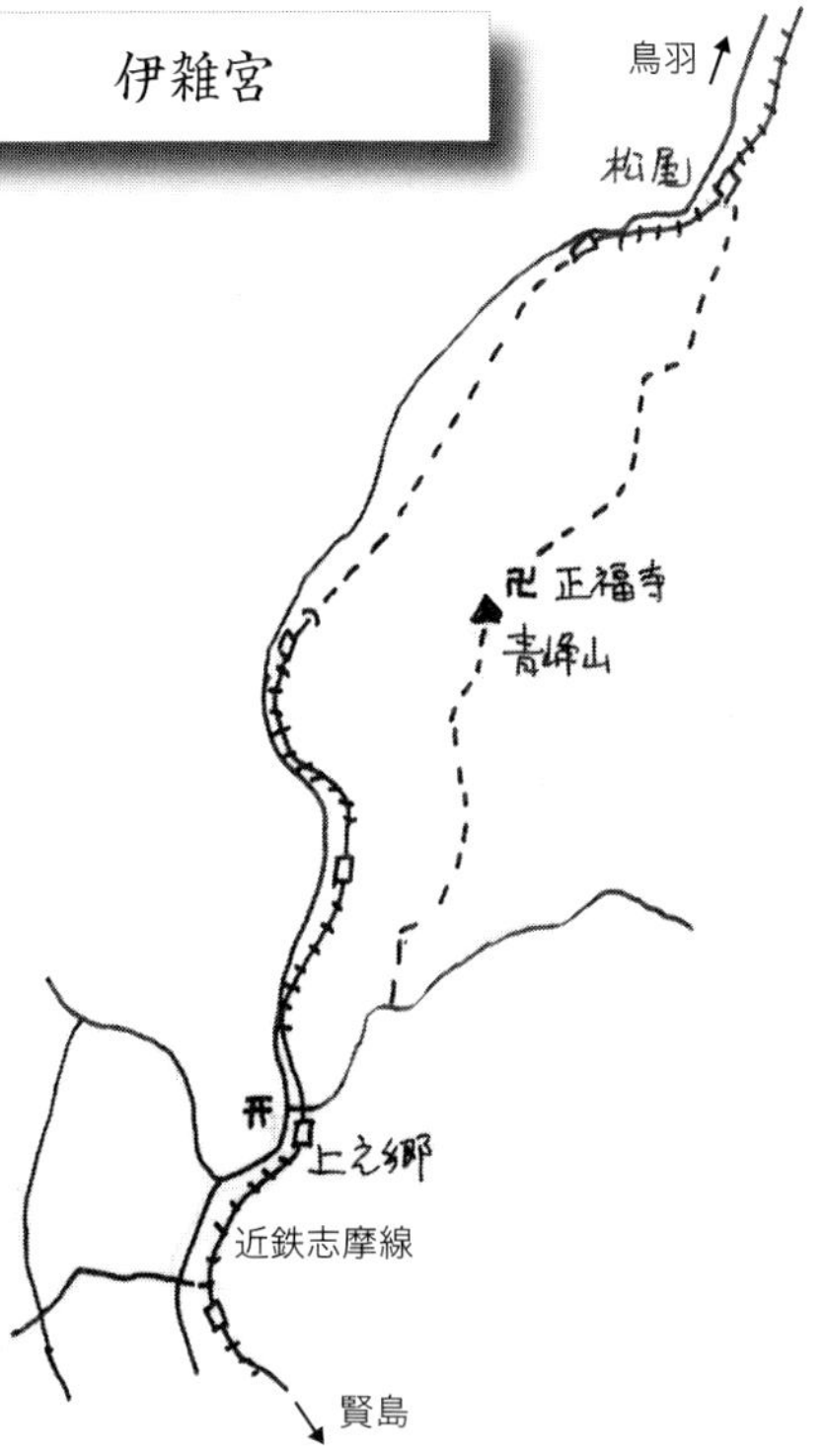

な大きな古刹であり、境内には庭園まである。

駐車場に戻り山頂へ向かうが、正福寺の裏門から入山したようで、山頂へ向かう道に、鬱蒼とした杉林に包まれて仁王門が立っている。そして、仁王門の先で分岐している。山頂に向かって歩き出してすぐ、正面に太平洋が広がる小さな空き地に飛び出し、ここで再び林道が分岐する。

山頂へは、山肌を無理やりコンクリートで固めたような急な勾配の林道がジグザグと伸びている。息を切らせながら進むと、林道の終点に、大樹に囲まれた樹林の中に電波施設の建物と山頂を示す道標が立っていた。頂上は踏んだものの、その山頂部の状況に少しがっかりしながら踵を返し、先ほどの林道分岐で太平洋を見ながら小休止する。

帰りは、広い立派な舗装された林道を南に向かって下っていく。ところどころで崩れかけた古い林道が分岐し、遊歩道となってショートカットしている。予定では、近畿日本鉄道の沓掛駅へ続く登山道を歩く予定だったが、どこかで道を間違えたようで、予定を変更して、そのまま広い舗装された林道を山麓まで下った。

青峰山の山頂

田植祭の会場となる神田

山麓まで来ると、小さな水田が広がり、集落が点在する小さな谷間に飛び出す。水田を取り囲む山裾に沿って続く道を通って、小さな峠を越えると、小さな川に沿って近畿日本鉄道と国道１６７号線が走る平地が見える。そして、眼下には、近畿日本鉄道の上之郷駅が水田の真ん中に見えている。先ずは、駅から続く集落を通り抜けて伊雑宮へ参拝する。

伊雑宮の境内はそれほど大きくない。集落の中にある道端に鳥居が建っており、鳥居を潜ると小さな鎮守の森となった大木が立ち並ぶ境内に入る。境内は玉砂利を敷き詰めた敷地となっていて、その中央に白木の神社が鎮座している。伊雑宮は、伊勢神宮（内宮）の別宮十四社の一つであるため、伊勢神宮と同じ様式で、整然と整地された四角の敷地に、白木建造物が神々しく建っている。参拝した後、境内の南側に広がる大きな駐車場へ足を伸ばすと、裏側に広大な田んぼが広がっている。案内に、6月に開催される日本三田植祭といわれる祭が開催されると紹介されている。

近畿日本鉄道の上之郷駅には、鳥羽行き普通列車が一時間に2本しか止らない。休憩する場所もないので、事前に運行ダイヤを調べておいて、もう一つ先の志摩磯部駅まで歩いて名古屋行きの特急列車に乗る方が便利な場合もある。幸い、駅に向かっていた私は、踏み切り遮断機の警告音で列車の接近を知り、駅舎まで全速力で走って列車に飛び乗った。

〈アクセス〉
名古屋＝（近鉄特急1：00）＝鳥羽駅＝（近鉄普通0：08）＝松尾駅

〈コースタイム〉
松尾駅—（1：00）—青峰山—（1：00）—伊雑宮・沓掛駅
〈案内〉『三重の百山』東海出版
〈地図〉磯部
〈難易度〉★★★　〈霊力度〉☆

伊《い》勢《せ》神《じん》宮《くう》

伊勢神宮の鳥居

おまけとなるが、伊勢国と言えば伊勢神宮がある。皇祖神としての天照大神を祀る日本神道の中心神社であり、その裏付けは『古事記』や『日本書記』に記述されている。しかし、歴史学者の間で議論されているように、記紀の記述に矛盾があるらしい。伊勢神宮が元々は皇祖神としての天照大神を祀る神社ではなく、当地を流れる宮川の水源を神として祀った神社（現在の滝原宮）、あるいは、その神に祈りを捧げる場所だった地に建てられた神社、あるいは、当地にいた豪族の氏神を祀る神社だったという説があることは記載しておきたい。

それでも聖域として国家規模で守られた伊勢

神宮境内の霊気は超一級だと思う。杉の巨木が立ち並ぶ広い長い参道を、白い玉砂利を踏みながら歩いて、歴史ロマンを考える旅も良い。

〈アクセス〉名古屋＝（近鉄特急1：00）＝宇治山田駅＝（バス0：10）＝内宮
〈難易度〉★　〈霊力度〉☆

伊賀国一ノ宮（敢国《あえくに》神社＋南宮山《なんぐうさん》）

春早い季節、名古屋駅から関西本線のローカル列車に乗り込み、途中、亀山駅で乗り換え、佐那具駅で下車する。

ＪＲ関西線は、濃尾平野を横断して木曽三川を渡り、コトコトコトコトゆっくりと伊勢平野から急峻な鈴鹿山地と布引山地の間にある亀山峠を越え、紀伊半島中央の丘陵地帯に入っていくが、その緩やかな山間部の中にある比較的広大な盆地が伊賀盆地であり、そのほぼ中央に敢国神社が位置している。今回の旅で、三重県が伊勢・伊賀・志摩の三国から成り、伊賀盆地の中心に伊賀上野市があり、また、国府跡がそこにも存在することをあらためて認識した。

言い換えれば、名古屋と奈良、大阪を結ぶ東名阪自動車道路、奈良や大阪へ行こうと先を急ぐ意識でいると、鈴鹿市から奈良市までの間は、途中風景にほとんど変化がない。その典型的な日本の風景に、どこまでが三重県で、どこが伊賀地方という意識することが少なかった。まして、この道路が、伊賀国一ノ宮、敢国神社という古い歴史を持つ神社のすぐ横をかすめて通過していて、車窓には神社がいつも見えていたことを知らずにいた。

佐那具駅に降り立つと、目の前には盆地を取り囲む青々とした山が続き、その前に広々とした田畑が広がっている。典型的な日本の風景だ。そして、田畑の中央を高架となった東名阪自動車道路の防音壁が、白い長城になって風景を引き裂いて続いている。その後ろ、長城に隠れるように、小さくこんもりと盛り上がった青い森がある。駅から神社まで約30分のハイキング、散策にはほどよい距離だ。綺麗に区画整理された田畑を歩き、小さな町工場群の横を通って、最後に東名阪自動車道路の高架を潜ると神社の裏側に出る。駅は神社の北側に位置するので、鎮守の森である神社外周に沿って半周すると、南西側に鳥居があり、鳥居を潜って深い森となった境内に入る。

巨木が多い鬱蒼とした境内の森、その南側の一角に本殿、社務所などが一箇所に集まって建てられている。どちらかというと古社という雰囲気もなく、また、一ノ宮の中でも、こじんまりとした神社という印象だ。その境内の中、拝殿横には桃太郎岩が安置されているのが妙に目立っている。南宮山から移設されたという奇妙な岩とされ、子授け、安産の守護として祀られているが、要は、形状が女性シンボルの模様が入った大岩、どこかの神社、そう、尾張二ノ宮である大縣神社でも見たことがあると微笑む。

敢国神社の拝殿

境内にある桃太郎岩

敢国神社

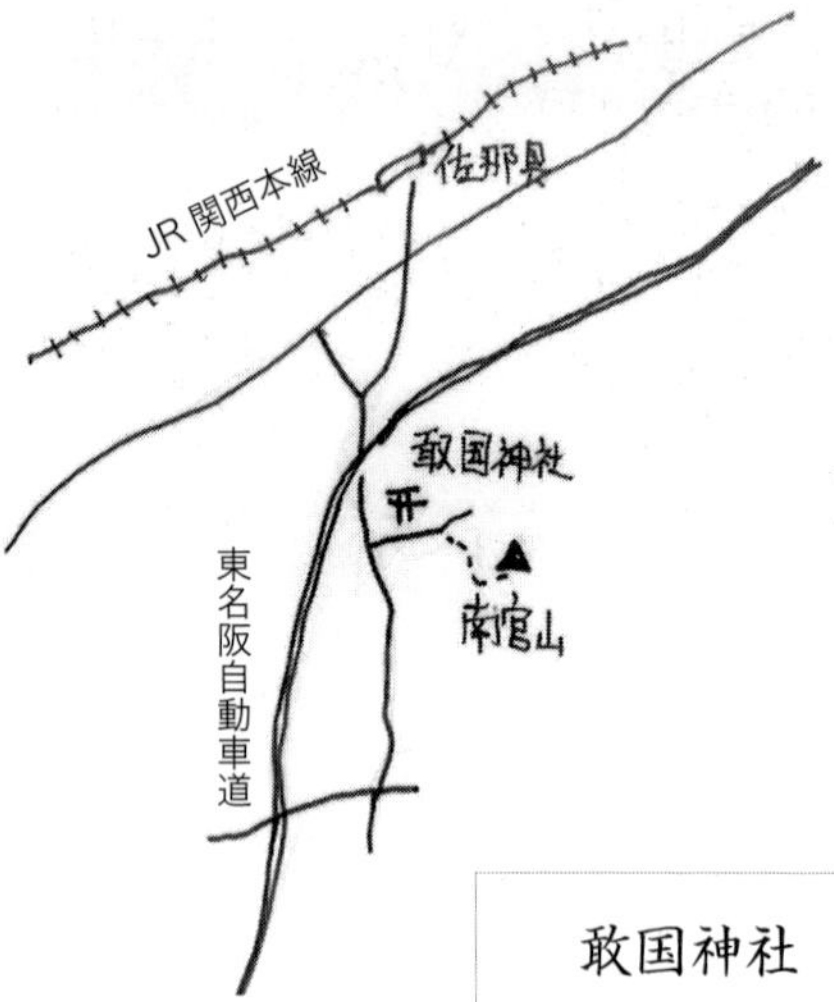

敢国神社には大彦命《おおひこのみこと》が祀られている。四道将軍の一人で、北陸道を強化した後、伊賀国阿拝《あえ》郡に住んだとされる当地の豪族で、安倍、阿部などアベ一族の祖霊となったとされる。なお、中世には、敢国神社の祭神は少彦名命《すくなひこなのみこと》と金山媛命《かなやまひめのみこと》と考えられていたそうだ。

さて、道を挟んで、本殿の南東に南宮山があり敢国神社の御神体とされている。しかし、標高差にして約１８０ｍ、盆地の中の小さな丘でしかない。もちろん、ハイキング対象にもなっておらず、本殿に参拝した後、神社の神主さんに状況を聞いてみたが、何故登りたいのか不思議そうに、「登れるよ、山頂に浅間神社が祀られている、登山口はそこ」と答えられた。

敢国神社境内の南側には東西方向に道路があり、その道を東へ少し進むと畑横に続く雑木の藪の中に、ほとんど獣道のように思える登山道が分岐しており、山腹を大きく湾曲しながら山頂に向かって登っていく。

途中、かつての磐座らしき巨大な岩が幾つもあり、それらを巡りながら藪の中の踏み跡を辿っていくと、ほとんど汗もかかない軽い運動量で山頂に至る。磐座らしき大岩の周囲は、普段は近所の子供たちの遊び場になっているのだろうか、もちろん、霊山あるいは観光地としては何も整備されていない。里山そのものの風景で神々しさの欠片もないが、それも良い。磐座の横から眺められる里の風景はなかなか素敵であり、岩に注連縄の一本でも張っておけば、カメラの良い被写体になるだろうと思った。

残念ながら、南宮山の山頂には、たくさんのテレビ局通信施設、近代的な景色が大半を占めており、その片隅に浅間神社の小さな祠が祀られている。いや、ひっそりと置かれている。ただ当地が交通の要衝地でもあり、織田信長が伊賀攻めした時に、ここから戦況を見たという伝承から国見山と呼ばれていることもあり、展望は良い。周囲には幾重にも重なる紀伊半島の山並みが続き、標高３５０ｍの山頂の足元には、古代から現代まで、永遠と名古屋（東海）と奈良（都）をつなぐ交通の大動脈としてたくさんの車が行き交う東名阪自動車道路が見下ろせられる。

ただ、たくさんある近代的な施設が気分を壊してしまい、山頂に長居する気にはなれない。

南宮山山頂にある浅間神社

山麓から見た南宮山

〈アクセス〉名古屋＝（ＪＲ関西線、普通2：05）＝佐那具駅
〈コースタイム〉佐那具駅―（0：30）―敢国神社―（0：30）―南宮山
〈案内〉なし
〈地図〉上野
〈難易度〉★★　〈霊力度〉☆

4．静岡県・山梨県の一ノ宮巡り

遠江国一ノ宮（小国《おくに》神社＋本宮山《ほんぐう》）

遠江国一ノ宮がある小国神社は、浜松市から天竜川を遡って、浪曲『森の石松』で有名な山間の街・森町にある。公共交通機関を利用するなら、天竜浜名湖鉄道、かつてのＪＲ二俣線の遠江一宮駅が最寄り駅である。

ＪＲ東海道本線の新所原駅、または掛川駅で天竜浜名湖鉄道に乗り換える。新所原駅から一時間半ほど、掛川駅から40分ほどかかる。典型的なローカル鉄道で、カタカタコトコトのんびりゆったり遠足気分を味わう。たまたま新所原駅から乗った列車は、学生の通学時間らしく列車は始発駅から高校生で一杯だった。しかし、学校がある駅に着くと一気にいなくなり、途中の天竜二俣駅で残りの客のほとんどが降りると、列車は貸切状態となって遠江一宮駅で降りたのは私一人だった。

遠江一宮駅には、誰も居ないし観光案内もない。来る前にもっと予習しておけば良かったと思いながらも、うろ覚えの地理情報だけでは、どちらへ行くと小国神社か迷ってしまう。が、急ぐ旅でもないと、ヤマ勘頼りに駅前の細い道から歩き出し、水田に囲まれた広い道路に出ると、神社へは右折と表示された大きな案内板が見つかる。

広い駐車場を過ぎて、立派な橋で小川を渡り、巨大な一ノ鳥居を潜り、樹齢８００年と伝わる巨木の杉並木が続く神々しい参道を通り抜けると境内となる広場に飛び出す。ちょうど、巫女さん達が朝の境内掃除をしている。

静岡県は、遠江国、駿河国そして伊豆国の三国によって構成されているが、遠江国は、同じ静岡県でも距離的にも文化的にも名古屋に近いと知った。そして、遠江国一ノ宮として小国神社が存在している。そして、その小国神社を調べると、尾張国や三河国との共通点がどんどんと出てきて驚いた。

小国神社の拝殿

先ず、小国神社は祭神に大己貴命（大国主命）を祀り、三河国の砥鹿神社と同じである。ただ、小国神社の方は、大国主命、すなわち大黒様としての御利益を重視しており、授与品として金運の宝槌が売られ、また、縁結びにご利益がある神様として信仰を集めている。

社伝によれば、創始は古墳時代の５５５（欽明天皇16）年に、本宮山に神霊が現れたとされる。時代は下って、徳川家康が浜松城の城主で甲斐国の武田信玄に怯えていた頃、地方の守り神としての小国神社は、徳川家康に神の加護を与えていたそうで、家康が座った岩という伝説が境内にある。その後、徳川の世になると、徳川家からの寄進で神社は大発展して、現代に至っているそうだ。徳川家が保護したという点も三河国と共通している。拝殿前には、立派な神楽殿があり、毎年４月の例祭に奉奏される舞楽は古代から続

小国神社

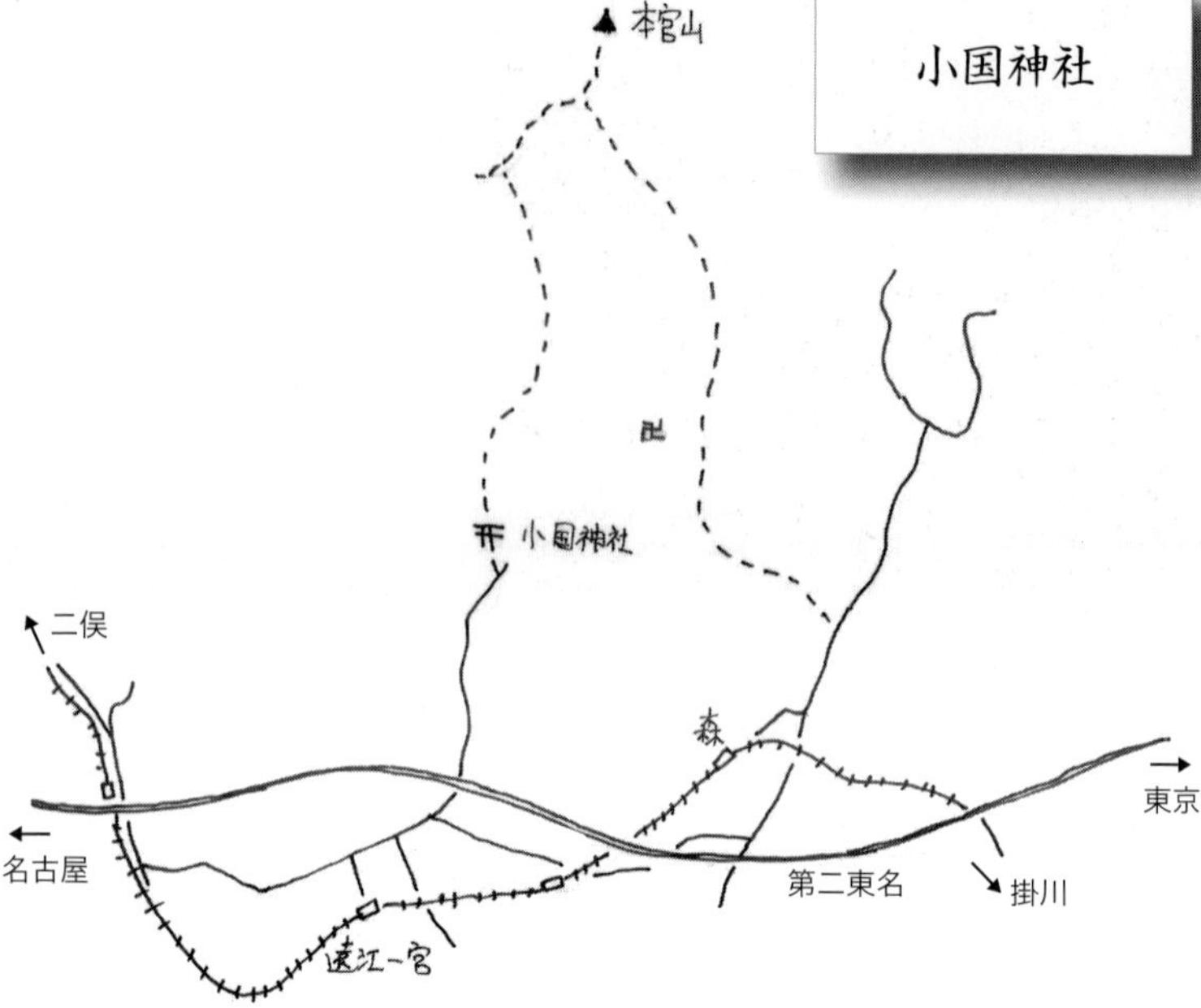

く伝統芸能で、国の重要無形民俗文化財に指定されているそうだ。

さて、国土地理院の地図「森」を見てみると、境内横から、本殿の後ろに続く小さなせせらぎに沿って林道が続いており、この道が小国神社の御神体とされる本宮山へ続いている。これまで紹介してきた尾張本宮山や三河本宮山と比べ、遠江本宮山は神社から距離がある。また、山並みの奥に位置しているため、その山容が綺麗な形かどうか見られる場所が見出せなかった。遠江本宮山については『三遠信の山歩き』（風媒社）という本に唯一、コース案内があり、その記述に従った。

小国神社から、宮川源流である小さなせせらぎに沿って林道を辿り、雑木林や竹林を抜けて、民家を数軒通り越すと、小さな峠に出る。峠の路傍に西宮神社の小さな祠がある。峠の横には、小さな集落があるが、道が幾重にも分岐しているので地図で確認しながら、尾根上に付けられた古い林道を更に進む。林道の上には雑木が繁茂しているが、道幅は広く傾斜も緩やかなため、気楽なハイキングを楽しめるが景色は単調な道だ。

するると突然、山肌を切り開いた真新しい林道に飛び出す。この林道は国土地理院の地図にも記載がない。林道は延々と尾根に沿って、真下に見下ろせる大きな谷の遥か向こう側まで続いており、雑木林を大きく伐採した山肌がいくつも見えている。

本宮山山頂の奥宮

いつも思うことであるが、こんな山奥の道を立派に造って誰がどのくらい利用しているのだろうか。10年おきごとに描き直されているはずの地図に、記載されていない道がなぜこんなに多いのかとぶつぶつ不満をぶつけながら、「本宮山は、こちらの方向のはず」と真新しい林道を歩き、いくつか小さな峰を越えると、鞍部で新しい林道が南北に分岐している。

小さな道標もあるので林道を左に入る。すると、林道の途中に小さな木切れの案内表示があり、切通しに小国神社の奥宮へ登る細い歩道が分岐している。今回唯一と言ってもよいほどの登山道、急な傾斜ではあるが一気に登りきると山頂だった。そして、この小さな小山、すなわち、里山の一角にある本宮山山頂だけが原生林として残されているようで、山頂に小さな祠と物置のような古い建物が深い茂みの中にある小さな空き地にひっそりと眠っていた。

山麓に広がる茶畑

帰りは、先ほどの鞍部にある林道分岐まで戻り、真新しい林道をそのまま歩いて天竜浜名湖鉄道の遠州森駅まで下る。下りだしてまもなく、山全体に広々と育てられた茶畑に飛び出した。本宮山へ向かって登っている時には気付かなかったが、茶畑に飛び出して周囲を見渡して知った。山奥と思っていた場所は、谷底の集落を取り囲むように広がっている全山が茶畑となった里山そのものの風景だった。新茶の季節だったらもっと良かっただろうが、山一つ隔てれば、山村集落の民家と竹林や庭木が風景全体に変化を与えつつも幾何学的に見ごたえのある美しい茶畑風景が広がっていた。そんな茶畑の中を谷底まで下りていく。

谷まで下ると、点々と民家が並んでいる。その途中に、森石松の墓がある寺院・大洞院への分岐があるが、そのまま太田川の流れに沿って、古い町並みが続く森町の中心部を通り過ぎて駅舎に到着する。駅に到達して列車を待っている間に、国土地理院の地図「森」を広げ直し、今回の逆コースの行程で、あの林道を車で登れば小国神社の奥宮も簡単に参拝出来ると知った。近くて遠い奥宮だったと思いながら、到着した列車に乗って掛川駅に向かった。

〈アクセス〉名古屋＝（ＪＲ東海道本線普通1：30）＝新所原＝（天竜浜名湖鉄道1：30）＝遠江一宮

名古屋＝（ＪＲ東海道本線普通で　２：25）＝掛川　または、名古屋＝（ＪＲ東海道新幹線こだま　１：00）＝掛川＝（天竜浜名湖鉄道０：30）＝遠州森

〈コースタイム〉遠江一宮駅—（１：00）—小国神社—（２：40）—本宮山—（２：20）—森駅
〈案内〉三遠信の山歩き（風媒社）
〈地図〉森、山梨
〈難易度〉★★★　〈霊力度〉☆

駿河国一ノ宮（富《ふ》士《じ》山《さん》本《ほん》宮《ぐう》浅《せん》間《げん》神社＋富士山）

日本一の霊峰・富士山は容姿端麗、その姿に完璧な美、神々しさを感じる人は多い。それゆえ、古来、神として祭られ、祭神として、絶世の美女？とされる木《この》花《はな》之《の》佐《さ》久《く》夜《や》毘売命《ひめのみこと》を祀っている。

しかし、富士山は「一度も登らない馬鹿、二度も登る馬鹿」とか「見る山であって、登る山ではない」とか言われている。とはいえ、私は三度も登っている。最近は空前の富士山登山ブームだそうだ。登山者数も毎年更新し、テレビやマスコミも「富士山に登る」という企画番組で騒いでいる。さらには、富士山を世界文化遺産へ登録するという話題も脚光を集めている。

さて、「富士山のことを調べだしたらきりがない」と深田久弥氏も『日本百名山』の中で言っている。富士山を信仰の対象としてみた場合、資料を紐解くと古代はおろか神話の世界にまで遡り、聖徳太子が登ったという伝説すら

富士浅間神社の拝殿と本殿

あるし、さらには、中国の秦の始皇帝が不老不死の薬を求めて日本に遣わした徐福が富士山に登ったという伝説すらある。今回のテーマである一ノ宮について限っても、駿河国一ノ宮である富士浅間神社の創設は801（大同元）年の富士山噴火によって坂上田村麻呂が神社を現在の地に遷座したとされるが、日本一の山ゆえにいろんな説が議論されている。

登山史のことも調べだしたらきりがない。江戸幕府が開かれ、江戸町人文化が花開き、空前の富士登山ブームが起こったそうだ。そして、文化の中心が江戸、今の東京になってからは、山梨県側の吉田口から登る人が多くなった。しかし、京が都だった時代には、現代の富士宮市にある富士浅間神社方向から登る富士宮口が表玄関だったと思うし、今でも名古屋や阪神から登る場合は便が良い。

富士浅間神社へは、富士宮駅から歩いても15分程で、富士宮市郊外の広い敷地に立っている。駅前通りから、いわゆる門前街として楽しみながら神社まで歩く。大きな緑の森が近づいてくると富士浅間神社であるが、境内は広く本殿まではまだ先である。鬱蒼と樹木が生茂る森に囲まれ、綺麗に玉砂利が敷かれた広い境内に、富士山を背景にして、2階建てになった「浅間造り」と呼ばれる特徴ある本殿が建っている。壮麗なその社殿は国の重要文化財に指定されている。また、神殿東側には国の特別天然記念物に指定されている湧玉池があり、富士山の伏流水が湧き出しており、そこから流れる小川は、神田川となって境内横に沿って流れている。富士山の女神が住む屋敷にふさわしい風景だ。

境内にある湧玉池

富士山に登るには、新五合目に向かう。富士山新五合目は、既に標高2390m、森林限界上になっており、広々とした空が広がる富士山中腹に大きな駐車場があり、土産物店も並んでいる。

約8時間、草もほとんど生えていない砂礫の道を延々とジグザグと登る。駐車場からすぐ近くに見える気がする山頂は、意外と遠いし、標高が高く空気が薄い富士山では、急いで登ろうとすると身体が付いていかない。さらに、富士山の山容を見ればわかるように、傾斜はだんだんときつくなる。途中には合目ごとに山小屋があり、飲食物も売っていて適宜休憩が出来るので、のんびり行けば良い。ご来迎を山頂で見るために夜間登山で一気に登る人も多いが、前日、明るい内に8合目、9合目ぐらいまで登って、山小屋に泊まった方が安全だ。

山頂にある鳥居が見え始めても、なかなか着かない。ますます傾斜が急になって、あいかわらずの溶岩が砕けた火山性砂礫の道が続いている。やっとのことで、鳥居を潜ると富士浅間神社の奥宮がある。富士山の場合、他の山で見る

富士浅間神社

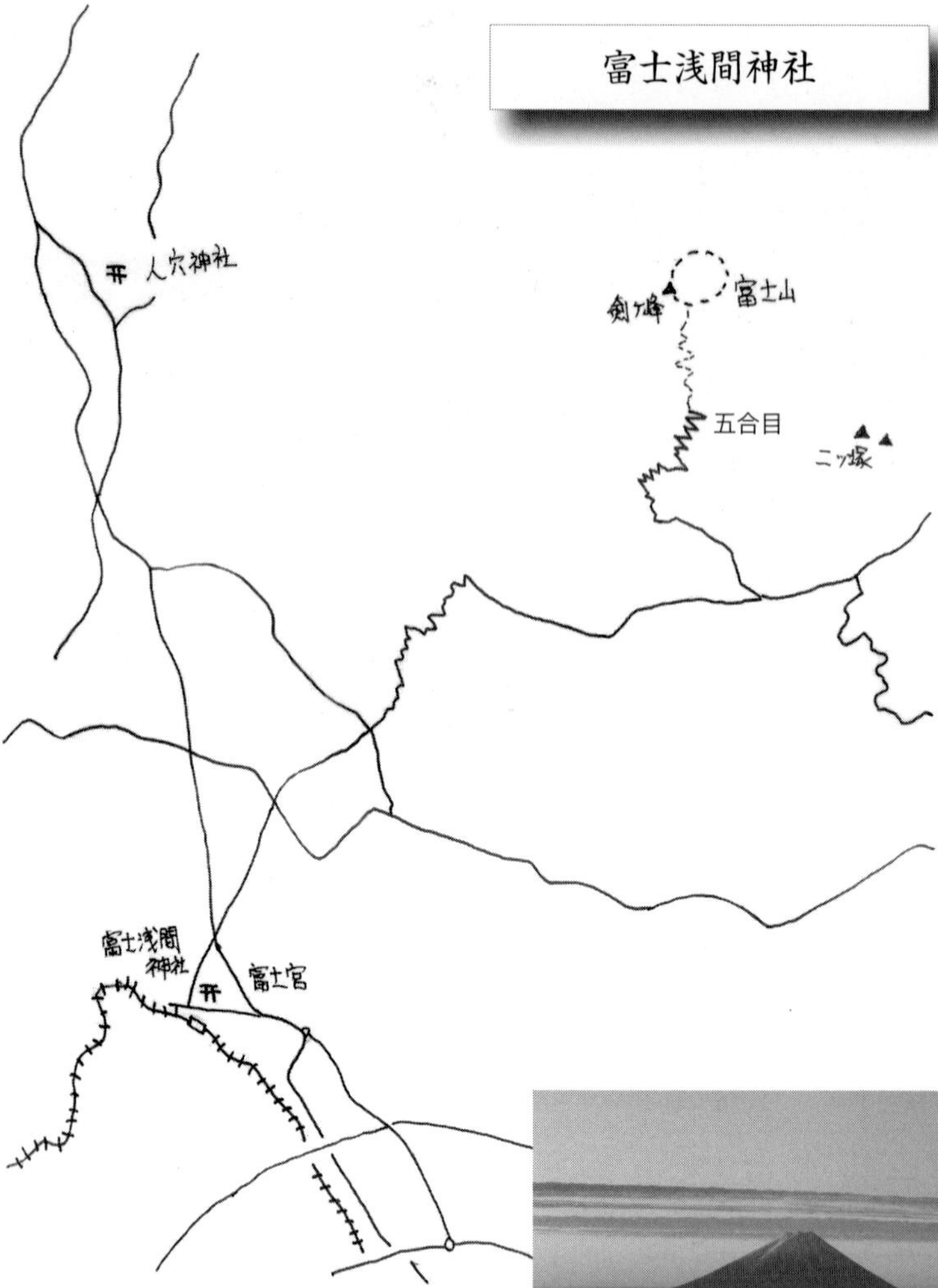

奥宮とは大違い。山というよりは観光地であり、小さな社殿に参拝する人、土産物屋となっている社務所で買い物をする人、いつもお客さんがいる。とはいえ、神社の周囲は広大な面積がある山頂部であり、何百人と登山者がいても、ご来迎を見られないことはない。反対側の西側には富士山の影が遥か遠くまで伸びている。

薩埵《さった》峠から見た駿河湾と富士山

　富士山頂は巨大な火口となっており、「お鉢巡り」と言って一周する人もいるが、2時間程かかる。ほとんどの人は標高が一番高い剣ヶ峰までを40分程で往復している。剣ヶ峰には、２００６（平成18）年まで気象庁の富士山測候所があり、白いドームが富士山頂のシンボルだったが、現在は無人測候所だけが残っているようだ。

　富士山は、日本一の標高があり、快晴であれば、何処に立っても視界を遮るものはない。文字通り日本一の眺望を楽しむことが出来る。ただし、昔から「山の天気と女心」と言われ、また、「富士山は女神なので、美人が登るとヤキモチを焼かれて天気が悪くなる」など俗説も多い。急激な天候、天気の変化がある。さっきまで晴れていたのに、視界ゼロの濃霧に囲まれてしまうこともある。いずれにせよ、登山という自然を対象にする趣味を楽しむためには、天気が最も重要な要因となってくるが、富士山の場合は特に思う。

〈アクセス〉名古屋＝（JR東海道新幹線こだま　1：20）＝静岡駅＝（JR身延線　0：40）＝富士宮駅＝（バス　1：00）＝新五合目
または、名古屋＝（JR東海道新幹線こだま　1：40）＝新富士駅＝（バス　0：35）＝富士宮駅
または、名古屋＝（マイカー　東名高速道路　5：00）＝富士宮口新五合目
〈コースタイム〉富士宮口新五合目―（7：00）―山頂―（4：00）―富士宮口
〈案内〉多数
〈地図〉富士山
〈難易度〉★★★★　〈霊力度〉☆☆

甲斐国一ノ宮（浅間《あさま》神社）

日本一の霊峰・富士山は、静岡山梨両県にまたがっているため、山の南面にある駿河国だけでなく、北面にある甲斐国の景勝地にもなっている。当然のように、甲斐国一ノ宮である浅間神社も富士山をご神体として崇めている。そして、駿河国の浅間神社同様、木花之佐久夜毘売命をご祭神とし、夫婦円満、安産の守護神として祀られている。

　下ネタ話になるが、「富士さんは、甲斐で見るより、駿河良い」という川柳がある。昔から、甲斐の人も駿河の人も富士山を「おらが山」として、「どちらから見た富士山が良いか」と自慢しあっているそうだし、登山したり観光したりするのも、当方から登る方が良い、当方の名所旧跡が良いと両者譲らないそうだ。ごく最近まで、富士山山頂は、県境が途中で消えていた。しかし、富士山頂は静岡県の富士浅間神社の境内ということに決着したため、山頂は静岡県になったそうだ。

浅間神社

　実際に、どちらから見た方が良いかは、賛否両論、本題の川柳については、「富士さん（女性）は、嗅いでみるより、するが良い」という近世の花街で使われた隠語だそうだ。失礼しました。

　さて、現在の山梨県笛吹市にある浅間神社は、律令時代の甲斐国府跡にも近く、旧甲州街道である国道20号線にも沿っており、古代の甲斐国の中心だったようだ。すぐ近くを笛吹川が流れ、現在は周囲を水田に囲まれた典型的な田園風景の中にポツンと単独に存在している。近代の交通網であるJR中央本線沿線から離れているため、バス路線はあるものの本数が少なく、一般公共交通機関による便は良くない。このため、甲府市の奥座敷とされる石和《いさわ》温泉に宿を取り、レンタカーを借りて参拝に出かけた。

　浅間神社は、甲府盆地の南東端に鎮座し、す

浅間神社

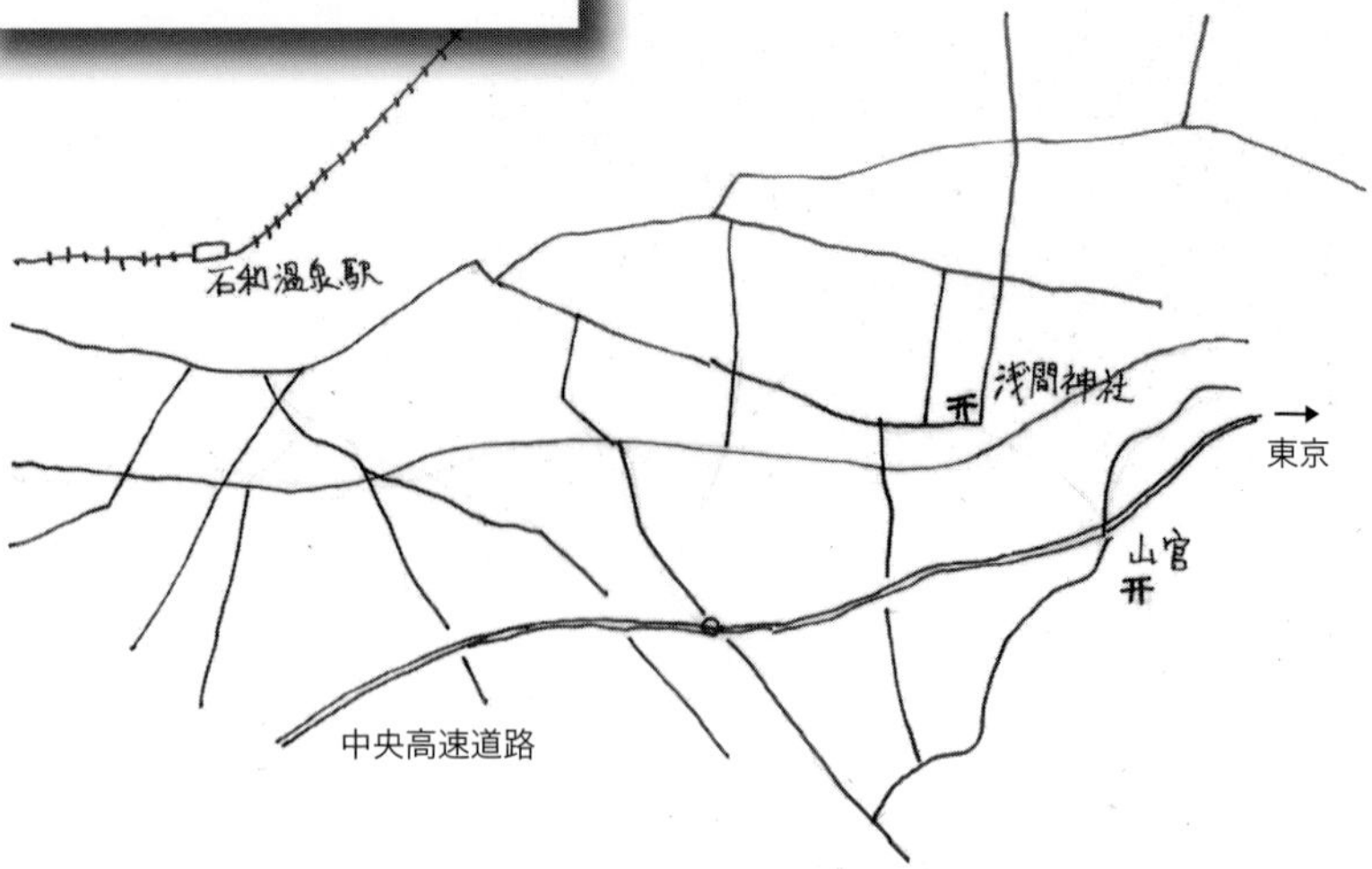

ぐ近くを笛吹川本流と中央高速自動車道が通っている。浅間神社の周辺には、広々とした水田が広がり、さらにその周囲に続く山の傾斜地には桃畑やブドウ畑が広がっている。国道から参道へ入り境内前にある駐車場に車を停めて、鳥居をくぐって参拝する。浅間神社は、これまで参拝した一宮とされる神社の中でも小さい方で、参拝を済ませ、キョロキョロと境内を探検しても、古社らしい巨木の森に包まれているわけでも、特別な建物や史蹟があるわけでもなく、甲斐国一ノ宮という権威は感じられない。

ところで、甲斐国一ノ宮へ訪れるならば春が良い。春になると甲府盆地の東部は、桜はもちろん、特産品の桃やブドウが花期となる。桜の開花に続いて、周囲の山々や田畑がいっせいに新緑の緑色と濃いピンク色、すなわち、盆地全体が桃色に彩られる。そこに、コブシなどの自然の花々が混生し、それはそれは美しい世界、まさに桃源郷が広がり観光客を楽しませてくれる。ただし、楽しむ期間は短いそうだ。一斉に咲いた全ての花が実を付けると、実が小さくなって商品価値が下がるため、農家は人為的に花を摘む。気候の寒暖や天候など自然にも左右され、桃源郷の風景を観光客に楽しんでもらう時期と農作業の時期、シーズンは短いらしい。

山宮神社

さて、甲斐一ノ宮の浅間神社は、864（貞観6）年の富士山噴火によって、翌年現在地に遷座されたそうだ。元の場所には、後世に武田信玄が再建したとされる摂社の山宮神社が鎮座している。浅間神社に参拝した後、レンタカーに乗り直し、甲府盆地を取り囲む山の山際に鎮座する神社にも参拝した。

ところが、地図を広げて探してもわかりにくい。現地近くへ行って地元の人に聞いて、「えぇ～、あそこですかぁ」と思えるような普通の田畑が広がる里山、参道とは言えない平凡な田舎道を通って、さらに複雑に分岐する林道を山に向かって進み、山の麓で藪に埋もれかけた林道終点に車を停める。そして、そこから小さな沢沿いに雑木が生い茂って大小の岩が散乱した、崩れかけた林道が続いている。

木々に張っているたくさんの蜘蛛の巣を掃いながら、獣道並みの藪道を歩いて行くと、森の中に突然、時代に忘れ去られたかのような意外にも立派な社が忽然と現れる。国の重要文化財に指定されている本殿らしい。境内はほどほど

吉田口浅間神社

広い敷地となっているらしいが、大小の樹木が生茂って、その中に点々と石垣や燈籠などの建造物が取り残されているようだ。
　映画やテレビドキュメンタリーで紹介される遺跡の発掘現場ほど神秘性はないし、逆に、土中に埋もれかけて、朽ち果てかけているわけではないが、ごくごく平凡な里山に忽然と現れた本殿の意外な立派さと共に、その姿を見事にまでも藪に隠してしまう高温多雨の温帯林が広がるこの国の風土、その自然の生命力に圧倒されて立ち止まってしまった。
　蛇足ではあるが、中世に栄えた村山浅間神社など富士山信仰の拠点は、時代の流れによって消されている。その一方、近世以降から庶民に爆発的に人気を得て広がり現代にも続く富士山信仰（富士講）の拠点は、山梨県吉田市の中心地にある吉田口富士浅間神社である。
　このように、富士山山岳宗教の歴史を訪ねるだけでも、次から次へ紹介すべき名所旧跡があり、私が知らない場所もあるだろう。

〈アクセス〉名古屋＝（ＪＲ中央本線　特急１：55）＝塩尻駅＝（ＪＲ中央本線　特急１：10）＝石和温泉駅＝（タクシー　0：15）＝浅間神社
〔案内〕なし
〔地図〕石和
〈難易度〉★　〈霊力度〉☆

閑話休題◉フジさんのおっぱい……………………………

日本一の霊峰・富士山は容姿端麗、その姿に完璧な美、神々しさを感じる人は多い。

「Wちゃん、最近、山へ行っている?」

「うん、行ってきたよ」

大都会の繁華街にあるいつものスナック、いつものカウンター席に腰を下ろすと、店のママが話しかけてきた。

「そうですよぉ、先日写メールで変てこな写真を送ってきたの」

と隣にいた店の若い女の子が口を挟んでくる。

「確かに。あの写真は画質が悪いから男性シンボルにも見えたねっ。でも、あれは高野山の百町石*という世界遺産。今流行のパワースポットだよ。」

と得意げに答える。

「あははっ、Wちゃんは好きだねぇ。パワースポットとか、妖怪の写真とか、この前送ってくれたのは、フジさんのおっぱい?の写真だったよね。私の胸より大きいかって……」

とママが大笑いする。

富士山の御殿場口、季節外れの登山口駐車場には一台の車も停まっていなかった。ここは同じ富士山五合目なのに、富士宮口や吉田口とは雰囲気が違う。どの登山口も森林限界を抜けて雪を被った山頂部が見えているが、駐車場が狭いため、土産物屋がないためだけではない。きっと、駐車場の周囲が広大な大砂漠のようになっているせいだろう。舗装された駐車場から

御殿場口五合目にある二ツ塚

一歩踏み出すとその砂に足をとられ、歩くのにも四苦八苦だ。目差す山に向かって歩き出すが遅々として進まない。そんな私の頭上に巨大なフジさんの顔が遥か遠くで微笑んでいる。地上では春爛漫というのに、標高千五百メートルの富士山五合目は、植物の芽吹きが始まったところ。少し離れたカラマツ林の梢が萌黄色の星を付けたように輝いている。歩いていくとところどころから緑色の芽が足元の砂から出ていることにも気付く。

目の前には、形の良い円錐状の山が二つ並んでいる。二ツ塚、あるいは双子山と呼ばれる富士山の寄生火山である。

傾斜は緩やかにみえているが地図上の等高線間隔は狭い。さらに、眼の錯覚だろうか、見えている風景よりも実際の二ツ塚は遥かに大きいらしい。膨大な砂に足をとられて進めないのか、車で一気に上ってきたために軽い高山病で呼吸が乱れて早く歩けないせいなのか、と不安を覚える。山はすぐ近くに思えるのに一面の砂漠のような山を単調に登るのは意外と時間がかかる。ただ、今日は雲一つ無い快晴、振り返れば、緑に染められた広大な陸上自衛隊の演習地、そして、真っ青に輝く太平洋までの壮大な景色が足元に広がって見えている。山を散策するには絶好の心地良い季節で、爽やかな風に吹かれながら延々と砂だらけで植物もほとんで生えていない登山道を二ツ塚に向かって一歩一歩進んでいく。

二ツ塚、二つの均整が取れた円錐状の山、その谷間の峠状となった場所も砂だらけの砂丘が広がり、その月か火星かと思う風景の中に道標がポツンと立っている。先ずは裾野側にある山から登ることにする。こちらは地形的に峠からの標高差がほとんどなく、一登りすれば山頂だ。山頂部は、火口の名残でわずかに中央が陥没していて、少し高くなった外輪の一角に小さな祠が置かれている。そして、ほぼ平らな広場となっている山頂部にはたくさんのケルンが積まれている。その景色を見ながら、おっぱいの乳首として中央に大きなケルンを作ろうかと思ったが、一人では何時間もかかるだろうと苦笑した。

祠の横にあった大きな岩に腰掛け、軽い食事を取りながら周囲の景色を見晴らすと、実に素晴らしいと独り言が出る。緑色に染められたスカートの様に広がるフジさんの雄大な裾野が真っ青な駿河湾まで続いている。そして、その中に、これまで意識したことがなかったが、たくさんの寄生火山が、もこっ、もこっと裾野上に瘤となって、伊豆半島に向かって一列となって続いている。持っていた国土地理院の地図『印野』を広げて確認してみると、二ツ塚の他にも、赤塚、浅黄塚、黒塚などと素敵な名前が付いている。その基点は宝暦火口のようであり、フジさんの火山としての歴史をあらためて考えさせられる。ただ、広い裾野を濃い緑色一色に染める針葉樹林帯の中に、パッチワークの様に色々なゴルフ場や観光施設が点在している。幾何学模様となった人間の落書きと苦笑する。

一度下り、山頂側の山にも登り直す。こちらも同じような砂山ではあるが、標高差は百五十m程あり、山頂まで登るのに一汗かく。到達したこちらの山頂は、より広く、より平らで、作られたケルンの数も多い。しかし、展望は裾野側の方が良い。逆方向には、フジさんの真っ白な山頂部、そして、間近に迫る宝暦火口の雄大な姿が見られるはずであるが、いつの間にか沸いてきた雲に山の一部が覆われてしまっていた。

　今回の目的は二ツ塚登山ではない。国土地理院の地図『印野』を見ると、二ツ塚周辺の等高線は妙に艶かしい。今回の目的は、二ツ塚を「フジさんのおっぱい」らしく写真撮影したい。地図上に描かれた等高線模様も見方によっては卑猥に感じられるなぁと思いながら、再び峠に戻り、地図上で当たりをつけた、二つの山がそれらしく綺麗に並ぶと思われる場所に向かう。二ツ塚を良い構図で撮影するには、ほどほどに距離を離した方が良いだろう。何度も何度も二ツ塚を振り返ってカメラを構えながら、膨大な砂が積もった相変わらず歩きにくい道を峠から下っていく。

　小さな尾根を通り越すと、そこには、フジさんの均整が取れた身体を深くえぐる谷があった。谷と言っても完全な水無川であり、荒天時のみ水が流れるのだろう。この尾根上で二ツ塚を撮影しても、まだ広角レンズで構えないとバランス良く写らない。さらに谷の対岸まで渡って、やっと満足出来る撮影場所を見い出したが、フジさんのおっぱいは美乳であるが微乳でもある。

　帰りは、富士山の標高千六百メートル付近をトラバースしている道を通って御殿場口駐車場へ戻る。二ツ塚の撮影も続けようと思っていたが、トラバース道まで下るとカラマツの森林地帯に入ってしまい、二ツ塚はおろか、周辺の雄大な風景も望めなくなってしまった。とはいえ、火山活動が収まり、砂地が固まった土壌上に植物が繁茂しているフジさんの若い火山としての歴史を学ぶには良いコースだ。駐車場が近づくと、緑に変わり始めた森林地帯を飛び出し再び砂漠のような道を歩いていく。

その進行方向から横を見上げると、二ツ塚の一つと真っ白い雲を被った山頂部が見えた。その景色を見て、そっかあ、夏になったら二ツ塚周囲にも植物が生え、フジさんは淡い緑色の薄い下着を付けるのだ、と妄想した。

「あそこは絶景だったねぇ、また行ってこようかなぁ。日本の神話によると富士山は木花之佐久夜毘売命、女神なんだよ。女性だからおっぱいがあるんだ。ただ、木花之佐久夜毘売命は絶世の美女とされるけど、フジさんは近くで見なければ気付かないほどの微乳だねっ。ママの方がはるかに大きいよ」

といつものウイスキー水割りを作り直してくれた女の子と一緒に笑った。

「でもねぇ、フジさんの山頂火口は、空に向けておっきな口を開けているだろう。そして、フジさんは女性だから、下半身に穴もあるんだよ」

とニヤニヤする。

鎌倉時代の歴史書『吾妻鏡』に、〝人穴〟は、源頼朝が鎌倉幕府を開いた頃、富士山麓で巻き狩りをした時に探検され、「富士山の女神の秘部」としっかり書かれているそうだ。

そして、〝人穴〟は、江戸時代に富士講と呼ばれる富士山信仰を開いた長谷川角行が修行した場所とされ、富士山信仰の聖地となっている。そして、その弟子だった身録や村上光清らの布教活動によって、富士講は江戸で爆発的な人気を得たそうだ。

人穴を有名にした伝説として、長谷川角行が修行の地を探していて人穴にたどり着き、人穴内部で何年も過酷な修行を実践していた頃、時

人穴神社

代は戦国末期、武田、徳川の領土争いが激しかった頃、武田軍に追われていた徳川家康が人穴に逃げ込んだ。その時、角行は家康を匿い追手から逃してくれた。その後、徳川の世になって角行が富士講を開いた時、家康は、あの時の恩に報い布教を大いに許した、と伝わっている。

現在、人穴へ行く公共交通機関の便は良くない。マイカーで行くか、レンタカーを借りる必要がある。かつては、甲斐と駿河をつなぐ街道があったかもしれないが、近くを国道１３９号線が走っているとはいえ、主要幹線から人穴がある集落へ行くためには、ほとんど民家のない農地や牧場地が広がる富士山麓のなだらかな裾野を少しばかり車で走る必要がある。ただ、特徴ある史跡であるためか、道路上の案内標識がわかりやすく案内してくれる。

観光客も多少はあるのだろうか、人穴神社は整備し直されているようだ。横にはかなり広い駐車場も用意されている。車を停め石垣に囲まれた境内に上がると、新旧の燈籠が参道に並べられている。そして、参道正面には小さな社務所と社殿が並んでいる。

さて、聖地である人穴は拝殿横にある。富士山麓に多い溶岩洞窟の一つと言ってしまえば面白くないが、鳥居を潜ると、ぱっくりと大きく口を開いた洞窟に石段が続いている。そして、石段横の足元を地下水が流れ、自然のままとなった洞窟の上下に飛び出している岩につかまりながら下ると、洞窟内部はすぐ広い空間となっている。数十人は入れる広い空間で、入口付近は差し込む淡い日光に照らされているが、奥の方は漆黒の闇となっている。ヘッドライトを点灯して奥へ入るが、それ程奥が深いわけでもない。眼が暗闇に慣れてくると洞窟の一部には地下水が溜まっている場所などが見えてくる。あたかも池を周遊するように寺院の回廊を巡る気分になる。そして、ところどころに地面に腰掛けやすい大岩があったり、辺り一面に無秩序に蝋燭台などが置かれてたりしているなど、あたかも自然が作り出した妙、寺院の本堂内にいる雰囲気だ。そして、その整然となっていない無秩序さ、雑然さが神秘感を漂わせている。しばし、忘れ去られかけた近世のパワースポットの霊域的な雰囲気を楽しんで洞窟を出ると、心地よい風が通り抜け、境内にある樹木の新緑が目に眩しかった。

「面白いだろう？　パワースポットっぽいじゃない？」

とにやけながらいつものグラスを持つと、グラスの氷がカランと音を立てる。

「Wちゃんらしいわ、山へ行って元気になったなら良かったじゃない」

とママも女の子も呆れ顔で笑った。

〈双子山へのアクセス〉　名古屋＝（マイカー　東名高速道路　4：00）＝御殿場口五合目

〈コースタイム〉　御殿場口五合目—（2：00）—双子山

〈人穴へのアクセス〉　名古屋＝（マイカー　東名高速道路　4：00）＝人穴

〔案内〕　なし

〔地図〕　富士山、印野

＊注　138ページを参照。

伊豆国一ノ宮（三島《みしま》大社）

三島大社の拝殿

　三島大社は、三島市のほぼ真ん中にあるが、三島市はある意味、不思議な街だ。都市の真ん中に、国の天然記念物にも指定されている市立公園である楽寿園と三島大社があり、ビルの谷間に広い敷地の緑が残され、公園には巨樹も多く、また、富士山の湧き水が池となり、樹林の間には溶岩流がそのまま残されている。一部有料ではあるが、駅から三島大社へ行くまで、この公園の森を通り抜けセセラギに沿って神社への道を散策するだけでも癒される。

　さて、現代、伊豆と言うと伊豆半島を思い浮かべてしまう。しかし、古代においては、伊豆諸島の島々が中心だったらしい。そして、一国の面積としては小さな国なのに、『延喜式』には、国内にあった92社の神社名が書かれ、その内5社が名神大社とされている。伊豆諸島それぞれの島にたくさんの神社があったようだ。そして、それらの神社の中に伊豆半島の付け根にある三島大社も含まれている。なぜゆえ、古代人が伊豆諸島の島々を神々として祀ったかは不思議に思うが、火山活動が活発な伊豆諸島は、古代の人にとって畏れられる存在だったらしい。

古代や中世において、国司が国家安泰を祈願するために神社へ参詣する慣習があったが、国内が広いと、それぞれの神社へ出向くのが大変だった。そこで、国内の神々を本社から分霊して一箇所に集めて祀り、総社という神社を建てて神事を実施したらしい。その名残として、今でも全国各地に総社とされる神社や地名が残っている。尾張国の場合は、現在の稲沢市にある国府宮が尾張国総社（惣社）である。伊豆国は、各島々に神社が点在したため、船に乗って島々を巡る必要があっただろう。このため、国府に近い三島大社に国内の神々を集めて総社として崇敬した。よって、神社の名前も伊豆諸島を示す御島（三島）から来ているそうだ。

その後、三島大社は、関東地方の総鎮守として鎌倉幕府に崇敬され、また、三島の地は江戸時代には東海道宿場街としても発展してきて、現在も三島市は静岡県の中核都市として繁栄し続けて、東海道新幹線も停車している。

三島大社の祭神は大山祇命で、富士山の祭神である木花之佐久夜毘売命の父神で文字通り山の神、火山の神様であるが、不幸なことに、火山の神様なのに、１８５４（安政元）年の安政大地震によって本殿が倒壊した。現在は、幕末の再建とされる本殿が巨樹の桜に囲まれて立っている。

〈アクセス〉名古屋＝（ＪＲ東海道新幹線こだま　1：55）＝三島駅

三島駅―（徒歩　0：15）―三島大社

〔地図〕愛鷹山

〈難易度〉★　〈霊力度〉☆

II

近畿地方の一ノ宮巡り

近畿地方の一ノ宮巡り

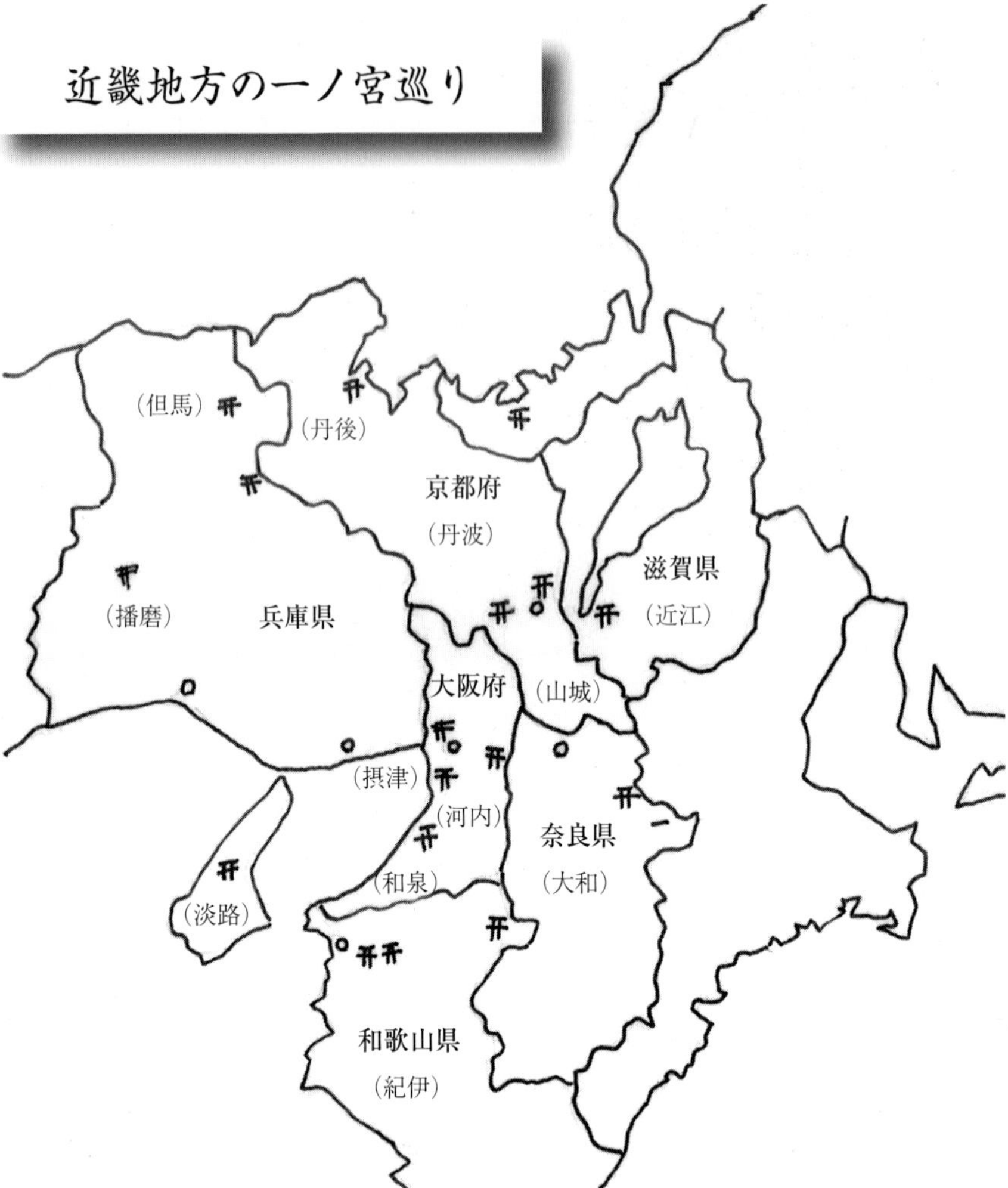

1. 京阪神の一ノ宮巡り

山城国一ノ宮（上賀茂《かみがも》神社）

古都・京都にも山を御神体とする神を祀る神社があり、その御神体は霊山として入山禁止となっている、という事実を聞いても不思議ではない。

古都・京都の玄関口である京都駅は、千年の歴史を刻む京都の玄関であり、日本文化を体感しようとする観光客で一年を通していつも賑わっている。２０１０年夏の日の早朝、京都駅から地下鉄と京阪電鉄を乗り継いで、出町柳駅で下車した。駅を出て、鴨川と高野川が合流する景色を眺めながら下鴨神社に参拝した。境内の南端にある鳥居から真っ直ぐに本殿へ続く参道、そこは、糺《ただす》ノ森と呼ばれる広大な鬱蒼とした原生林になっており、小さな小川も流れている。千年の歴史を感じる巨樹もたくさん生茂る古木の森の中をゆっくりと散策し摂社や本殿を参拝に行く。本殿は平安時代の姿を伝える国宝建築である。糺ノ森には、鴨長明が『方丈記』

下鴨神社の糺ノ森

鴨川と高野川の合流点にある糺ノ森

下鴨神社の境内

などを執筆したとされる庵なども復元されているので、境内にある史跡一つ一つをゆっくり見学していると知らないうちにあっという間に時間が過ぎていく。

下鴨神社を出て、河原が整備された鴨川の堤防沿いにある歩道を通って上賀茂神社へ向かう。周囲は京都北東部の古い住宅街でもあるが、車社会となった現代においては、次々と車がやってくる。車の威圧感とその騒音に怯えながらも、フッと見上げる古い町家の軒や緑陰を広げる古樹などに古都の風情を感じる。

上賀茂神社境内の南側は、京都市営バスのターミナルとなっている。その横にある一ノ鳥居を潜って一面に芝生が植えられた広い敷地に入る。二ノ鳥居を潜って境内に入るが、神社の入口前には、上賀茂神社のシンボルとも言える先が尖った円錐形の大きな砂山、立砂が二ツ並んで作られている。祭神が降臨する神聖な神山を形作っているそうだ。また、京都盆地の山際に鎮座する上賀茂神社は、天然のせせらぎが手洗い場となっている。その後方に深い森を背負った形で、山影となる狭い場所に国宝である本殿と拝殿などが建っている。社務所で特別拝観料を払えば、拝殿から中へも入れてもらえる。靴を脱いで、他の参拝者と一緒に、神官さんから神社の歴史や祭神のあらましを聞かせていただく。

地方豪族が氏神をその土地の神社として祀ることは、京都が都となった平安時代より以前から行われていた風習である。現在の京都市内北部に存在している上賀茂・下鴨神社は、山城国に居住していた賀茂族の祖霊神を祀っている。すなわち、上賀茂神社は賀茂別雷大神を、下鴨神社は賀茂《かも》別雷大神《わけいかづちのおおかみ》の両親である賀茂《かも》建角身命《たけつのみのみこと》と玉依媛命《たまよりひめのみこと》とを祀っている。794年に平安京へ遷都される前の時代である。

上賀茂神社の境内にある立砂

鴨川から望む神山（中央）

神社拝観後、境内の西隣にある社務所へ向かう。社務所の前から、神社本殿の後ろにある裏山の峰続きに上賀茂神社のご神体である神山《こうやま》（標高301m）が見える。この場所から望むと、京都盆地の北端に京都北山の山並みから飛び出した緑の綺麗な半球型の小さな丘山である。この山は、現在でも一般人は入山を許されない禁足地

上賀茂神社

だそうだ。その後ろには、鞍馬山など京都北山と呼ばれる深い緑に覆われた山々が広がっている。

〈アクセス〉
名古屋＝（JR東海道新幹線、普通0：36）＝京都駅＝（市営バス　0：40）＝上賀茂神社
〔地図〕京都北東部
〈難易度〉★　〈霊力度〉☆

近畿地方の一ノ宮

現在の近畿地方は、古代には畿内と呼ばれていた。ただし、畿内と呼ばれた地域は、現在の近畿地方である2府4県（京都、大阪、奈良、和歌山、兵庫、滋賀）の範囲とはずいぶん異なっている。

古代の畿内とは、現在、近畿地方と言われる地域から、京都府の北西部（丹波国、丹後国）、和歌山県全県（紀伊国）、滋賀県全県（近

江国）と兵庫県の大半（但馬国、播磨国、淡路国）が除外される。

言い換えれば、古代には、現在の京都府は、山城国《やましろ》・丹波国《たんば》・丹後国《たんご》に、現在の大阪府は、摂津国《せっつ》・河内国《かわち》・和泉国《いずみ》に、現在の兵庫県は、播磨国《はりま》、但馬国《たじま》、淡路国《あわじ》に細分されていた。その上、神戸市など現在の兵庫県にある一部地域は、摂津国の一部だった。

大和国一ノ宮　三輪山

摂津国一ノ宮　住吉神社

これらの国々の内、海の近くに鎮座している神社は、海をご神体として祀っている場合が多く、山をご神体として祀っていた神社は内陸にある国に限られていた。

それぞれの国の一ノ宮は、大和国（奈良県）一ノ宮として桜井市にある大神《おおみわ》神社、山城国（京都府）一ノ宮として、京都市にある上賀茂神社、摂津国（大阪府）一ノ宮として大阪市にある住吉《すみよし》神社（論社として大阪市にある坐摩《いかすり》神社）、河内国（大阪府）一ノ宮として東大阪市にある枚岡《ひらおか》神社、和泉国（大阪府）一ノ宮として堺市にある大鳥《おおとり》神社、丹波国（京都府）一ノ宮として亀岡市にある出雲大神宮《いずもだいじんぐう》、丹後国（京都府）一ノ宮として宮津市にある籠《この》神社、とされている。

なお、現代の兵庫県には、淡路国一ノ宮として伊弉諾《いざなぎ》神宮、但馬国一ノ宮として豊岡市にある出石《いずし》神社（論社として朝来市に

丹波国一ノ宮　出雲大神宮

ある粟鹿《あわが》神社)、播磨国一ノ宮として宍《し》粟《そう》市にある伊和《いわ》神社があった。

また、現代の滋賀県には、近江国一ノ宮として大津市にある建部《たけべ》神社があった。

現代の和歌山県は複雑であるが、紀伊国一ノ宮として、和歌山市にある伊太祁曾《いたきそ》神社(論社として、かつらぎ町にある丹生都比売《にぶつひめ》神社、和歌山市にある日前国懸《ひのくまくにかかす》神社)があった。

さて、一ノ宮の歴史を見ていく上で、畿内には大変重要な特殊事情がある。すなわち、古代において、大和政権の中枢があった畿内には、地方の一ノ宮が成立するよりも以前に、大和政権が国家鎮護のために特別に祭祀した二十二社という制度があり、伊勢神宮を除く二十一社が畿内、特に山城国にあったようだ。

すなわち、平安時代の898(昌泰元)年には十六社へ祈雨奉幣した記録があり、康保2(965)年の記録には、奉幣した十六社は、伊勢《いせ》、石清水《いわしみず》、賀茂《かも》(上、下)、松尾《まつお》、平野《ひらの》、稲荷《いなり》、春日《かすが》、大原野《おおはらの》、大神《おおみわ》、石上《いそのかみ》、大和《おおやまと》、廣瀬《ひろせ》、龍田《たつた》、住吉《すみよし》、丹生《にう》、木船《きふね》(貴船)等とある。

さらに、順次増えて、995(長徳元)年には、吉田、広田、北野、梅宮、祇園《ぎおん》、日吉が加わり、二十二社となった。この二十二社制で国家的に祈願された行事が、地方に広がって全国で実施されたのが、一ノ宮制度と考えられている。二十二社の内、賀茂(山城国)、大神(大和国)、住吉(摂津国)がそれぞれの国の一ノ宮である。

河内国一ノ宮（枚岡《ひらおか》神社＋神津嶽《かみづだけ》）

枚岡神社の本殿

近畿日本鉄道名古屋線には、大阪の難波駅と名古屋の名古屋駅とを結ぶアーバンライナーという特急列車が走っている。この列車に乗ると、大阪府は、愛知県尾張西部地方とは東西対照的な地形を持っていることに気付く。これまで述べてきたように名古屋市のある濃尾平野の西末端には、養老多度山地が南北に障壁のように立ち、この山地の端に、美濃国一ノ宮である南宮大社と伊勢国二ノ宮である多度大社がある。それに対し、大阪市のある大阪平野の東末端には、生駒金剛《いこまこんごう》山地が障壁のように立ち、この生駒山地内のほぼ中央に河内国一ノ宮である枚岡《ひらおか》神社がある。

　枚岡神社へ行くには、近畿日本鉄道奈良線にある枚岡駅が最寄り駅となるが、奈良線は布施駅で分岐しているので、鶴橋駅で折り返す必要がある。山麓に水田風景が広がる濃尾平野とは違って、大阪平野では、山際ぎりぎりまで住宅化が進んでおり枚岡駅周辺は閑静な住宅地となっている。枚岡駅で地下連絡路を通って住宅地とは逆側にある山側に降りると、駅のすぐ横に鳥居が立ち、そのまま石段を登りながら森の中に広がる境内に入っていく。境内に入ると鬱

蒼と樹木が生茂る境内に朱塗りの本殿が並んでいる。枚岡神社は中臣氏（後の藤原氏）の氏神を祀る神社であり、奈良への遷都があった時、奈良市にある春日神社へ御神体を分霊したため、「元春日」とも呼ばれている。

枚岡神社の鳥居

参拝を終えて周囲を散策すると、神社南に隣接して梅林公園がある。また、神社の裏手に神津嶽《かみづだけ》と呼ばれる小さな岡があるが、ここは神霊が降臨した場所とされ祠がある。生駒山の山頂付近にあるかと思っていたが、来てみると山頂部への中間地点までも来ていない。しかし、ここまで登るだけでも大阪平野の風景を眺めるには良い場所だ。

なお、生駒山には、大和政権があった大和国と瀬戸内海の港町だった摂津国とをつなぐ暗峠《くらがり》があり、この峠道が日本最古の街道とも言われている。一度峠まで訪ねようと思いながら機会がない。

生駒山山頂は、枚岡神社のある反対側、奈良県側の麓からケーブルカーが通じており、山頂部は遊園地となっている。面白いことに山頂を占めす国土地理院の三角点は、この遊園地内の遊具横にある。

〈アクセス〉名古屋＝（近畿日本鉄道、特急2：00）＝鶴橋駅＝（普通0：30）＝枚岡駅
〈コースタイム〉枚岡駅—（0：05）—枚岡神社
〔案内〕なし
〔地図〕枚岡
〈難易度〉★　〈霊力度〉☆

丹波国一ノ宮（出雲《いずも》大神宮）

テレビのクイズ番組で都道府県の県域を示す形を見て何県か当てるクイズがよく出題されているが、変てこな形の県（府）域を持つ代表例が京都府、海に面する都道府県に関するクイズが出題され、意外にも海に面している県（府）が京都府だ。地図を広げてみると京都府は日本海沿いにある街まで含まれており、日本海沿いの町々が丹後地方、京都市がある山城国から丹後地方へ行く途中にある地域が丹波地方だ。

さて、日本の古都・京都市は、古代の風水に基づいて都市計画された、古代国家の中枢を自然の山や川によって外敵から守護されていると知ると面白い。いわゆる四神相応の思想で、青龍（東）、朱雀（南）、白虎（西）、玄武（北）が守っている。また、下ネタ話と言われそうだがまじめな話、京都市周辺の地形は最も神聖

出雲大神宮

な形になっているそうで、女性の秘部に類する形になっているという学説すらある。すなわち、東側と西側とに南北に続く山嶺があり、北は北山山地となっている。そして、鴨川と桂川が京都盆地で合流し、「Y」字型となった川が南西へ流れていく。

さて、古代において、丹波国の国府も一ノ宮も現在の亀岡市にあった。丹波国の一ノ宮である出雲大神宮へは、京都駅から山陰本線を利用する。

東海道新幹線で名古屋発の始発列車に乗ると、京都駅に朝7時頃に到着する。山陰本線のホームは、列車を乗り換える客でとても混雑している。現在の亀岡市などは京阪神のベッドタウンになっているようで、通勤方向と逆向きの下り列車も、そこそこ混んでいたが、亀岡駅も含め京都方向へ向かう上り線のホームには各駅に人々が溢れていた。京都駅を発車した列車は、科学技術の発展により高速化して、古都京都、あるいは、嵯峨野や保津峡などの風景を楽しむ時間も無く、アッという間に車窓を通り過ぎ、たった30分で亀岡市に到着する。

駅で下車して駅前のバス停に行っても、そこには誰もいなかった。やってきたバスの運転手に「出雲大神宮へ行きますか」と尋ねると、運転手さんに「出雲大神宮へ行きますが、このバスは通学バスなので、前のほうの座席に座ってください」と頼まれる。亀岡駅を発車したバスは私が客一人の貸切状態だった。バスは駅周辺に広がる水田を通り保津川を渡る。対岸の山際に続く集落内のバスがやっと通れる細い道で古くからの街道らしい道に沿って進む。バスはそれぞれの集落の中心地に停まるが、そこには数人の小学生らしい子供たちが待っていて、バスが停まるとお母さんらしき女性に見送られ、多分いつもの運転手さんに挨拶して乗り込んできて、多分いつもの席に座る。席に座るといつものように友達と元気に話し始める。通学バスだったお陰で、神社までとても微笑ましい風景に心を和ませながら、しばしバスの旅を楽しむ。出雲大神宮の前にあるバス停に到着すると、私一人を降ろして、座席が半分ほど埋まったバスは発車した。

さて、出雲大神宮、一ノ宮巡りを始めなければ、東海地方に住む私にとっては知らずに済む神社であった。しかし、その名前からして古代ロマンを感じる。古代、大和政権成立時に、出雲族の拠点があったともされ、島根県にある出雲大社に対して元出雲とも呼ばれている。日本神話『古事記』によると、出雲大社に祀られた神である大国主命は、天照大神に国譲りをしたとされるが、史実はどうだったか、そして、現在の亀岡市にあるこの神社は何を示すか、最新の歴史研究によって幾つも学説が提出されているようだ。なお、出雲大神宮に祀られている神様は不詳とされてきたが、明治時代以降は大国《おおくに》主命《ぬしのみこと》と三穂津姫命《みほつひめのみこと》とされ、保津川の語源ともなっている。

明けきったばかりの朝日を受け、頭上に覆いかぶさってくるような急斜面となった山の麓に出雲大神宮はあった。この背後の山が御神体とされる御蔭山《みかげ》である。巨木の森に包まれた境内や背後の山からはうるさいほどにセミの声が響き渡っている。そして、朝8時というのに、神

山中にある川の源頭

境内横の山中にある磐座

社の駐車場には数台の車が止まっている。鳥居を潜った場所に泉があり、霊水とされる泉から水を汲んでいる人々の車のようだ。そんな風景を横目で見ながら、綺麗に清掃され小さくまとまった境内を進み本殿に参拝する。その後、どうしようかと周囲を見渡すと、本殿横に境内全体の案内があり、ただの裏山と思っていた緑の森に向かって散策道がある。

常緑広葉樹の森に続く綺麗に整備された散策道を登っていくと、道は樹間から神社境内を見下ろすように続き、小さなセセラギが流れる沢に出る。沢の横には周囲を注連縄で囲まれた大岩があり、かつての磐座であり奥宮らしい。奥宮の前に立って、背後にあるセセラギの上流や山腹の中を見渡してみると、緑陰の森の中に何箇所か注連縄が張られた大きな岩が見えている。巨岩の下にある岩の隙間から水が大量に湧き出している。清らかな泉に手を浸すととても気持ちが良い。早朝のせいか新鮮な感動があり何かパワーを感じるような霊泉だった。再び先ほどの奥宮まで戻り、そこから、小さなセセラギを川原の石を飛びながら渡り急な山の斜面を登るとこちらにも注連縄が張られている。その中心には苔むした大きな岩が積み重なった古墳があった。注連縄で囲まれている岩を見ているだけでも聖なる場所に来たという気持ちにさせられる。

よく参考文献などに、自然に湧き出す清らかな泉がある聖なる山を御神体として祀る古社が

出雲大神宮

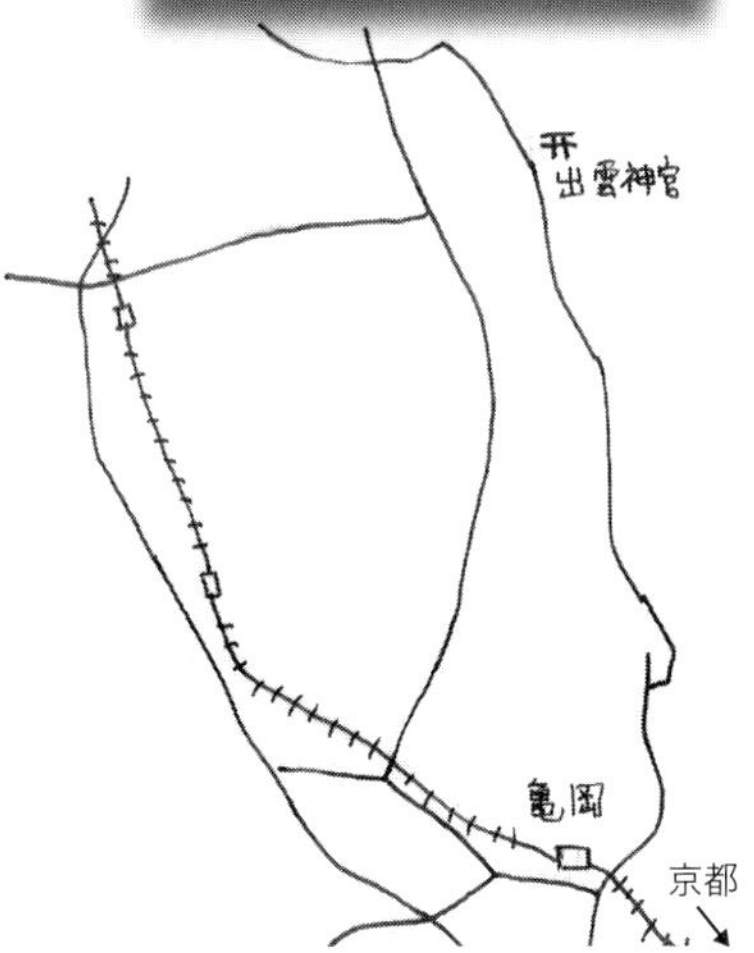

あると紹介されているが、ここ出雲大神宮はその形態を留める典型的な神社であり、その聖地である泉や古墳が具体的に整備され保存されている。出雲大神宮の御神体とされる御蔭山は現代用語で想像する「山」ではない、地形的には小さな山の小さな尾根の小さな岡の小さな岩であるが、そこには人々に恵みを与える小さな泉がある、それだけの「山」。しかし、小さなセセラギを見ながら、聖なる一滴が京都盆地を潤す大河の源流になるとあらためて感じ、不思議な知的達成感を味わった。

丹後国一ノ宮（籠《この》神社）

丹後国一ノ宮は、日本三景で知られる〝天橋立〟にあり、JR天橋立駅から天橋立を通って対岸にある籠神社だ。もちろん、観光船やバスでも行ける。

天橋立は、観光客のほとんどが、観光船から降りるとケーブルカー乗り場へ向かい、展望台

からの絶景を楽しんでいる。ケーブルカー乗り場から右路地に続く土産物商店街を通り抜けた集落の外れに籠神社がある。境内は綺麗になり過ぎてそれほど歴史がある神社とは見えないが、若狭国、現在の福井県小浜市にある若狭彦神社、越前国、現在の福井県敦賀市にある気比大社と共に、古代における日本海航路の港を守護する立地にあり、海そのものを神として祀った古社と言えよう。

　神社背後の山中に元宮とされる真名井神社があり、そこに磐座があって古い神社の形態を保っている。なお、伊勢神宮の外宮に祀られている豊受大神が伊勢へ遷座する前に鎮座していたという伝承から元伊勢大神宮とも称されている。

〈アクセス〉

◆出雲大神宮

名古屋＝（ＪＲ東海道新幹線　0：36）＝京都駅＝（ＪＲ山陰本線、普通0：30）＝亀岡駅＝（コミュニティバス　0：30）＝出雲大神宮

〔地図〕京都西北部

〈難易度〉★　〈霊力度〉☆

◆籠神社

名古屋＝（ＪＲ東海道新幹線　0：36）＝京都駅　＝（ＪＲ山陰本線特急　2：00）＝天橋立駅＝（観光船　0：12）＝一ノ宮

〔地図〕宮津

〈難易度〉★　〈霊力度〉☆

2. 奈良県・和歌山県の一ノ宮巡り

大和国一ノ宮（大神《おおみわ》神社＋三輪《みわ》山）

JRローカル線、桜井線の車窓には、霞たなびく青垣の山々に囲まれたのどかな田園風景の奈良盆地が広がり、前方には円錐形が際立つ小さな山が見えている。列車は無人駅「三輪」でわずかな客を乗降させ、ガタゴトと去っていく。その音が遠ざかった後、静寂が私を取り囲んだ。

山麓から見た三輪山

静かな駅前商店街の路地を抜けると、大神神社の広い参道へ出る。参道両側の広い空き地は初詣や祭礼には駐車場となるのだろう。参道は山に向かって真っ直ぐ延びていく。この道は日本最古の道として人気のあるハイキングコース「山の辺の道」の一部でもあり、参拝者の姿に混じってハイカーらしい服装の客も通り過ぎていく。時間が止まったような小春日和の昼下がり、玉砂利を踏む音だけが響いている。

鎮守の森に入り、石段を上ると、正面に荘厳な拝殿が鎮座している。江戸時代初期の建物で国の重要文化財に指定されているそうだ。大神神社は、三輪神社とも呼ばれ、大和国一ノ宮でもある。そして、この大神神社は、「山の文化、歴史」を調べていると必ず記載されており、「山を神聖視する原始宗教の形態を残す神社」と説明されている。

賽銭をあげてお参りするが、実はこの大神神社には本殿がない。拝殿の後方にある三輪山（467m）が御神体（神奈備）となっているためである。そして、多くの参考書物には、神奈備である三輪山は一般の人が立ち入りできない、山に生えるスギ、マツ、ヒノキなど全てのモノが神聖視されて、斧も入ったことがない「禁足地」と紹介されている。

これらの記述から長い間私は三輪山が登山できないと信じていた。さらに、多くの登山ガイド書に紹介はなく、国土地理院の地形図『桜井』を広げてみても、登山道は表記されておらず、登山対象とは考えられなかった。しかし、インターネットで調べていくと、許可を受ければ三輪山への「登拝」は可能という情報が見つかった。なるほど、登山ではなく登拝か、神奈備という世界を体験するのも興味深いと出かけて来た。

大神神社から三輪山の山裾に沿って北へ、狭井神社への参道が続いている。大神神社の摂社である狭井神社は水の神・薬の神であり、参道の両側には製薬企業から寄進されたという多種の薬草が植えられている。一つ一つに解説板があり雑学が吸収できる。

狭井神社に参拝し、狭井神社社務所で三輪山への登拝手続きをする。必要事項を書き込み、登拝料三百円を払い、神官から登拝の心得を聞き、登拝許可証と書かれた「たすき」を渡される。登拝の心得は社務所の壁にも書かれているが、正月三ヶ日など神事で入山できない日がある。入山時間は九時から十六時まで、山中に滞在出来るのは三時間以内。山域は神聖な霊地で

三輪神社の拝殿

あるため、必ず「たすき」をかける。飲食禁止、写真撮影禁止、火気禁止（禁煙）。入山前に狭井神社神前でお払いすること、などなど。登りに約一時間と言われたので、神官に確認すると、ペットボトル一本程度の飲み物は持って行ってもよいそうだ。

三輪山への登拝口は狭井神社の横にある。「たすき」を首に掛け、いつもの登山気分とは異なる雰囲気に、ちょっぴり緊張した面持ちで、御幣の付いた注連縄が張られた登拝門をくぐり最初の一歩を踏み出す。しばらくは枝尾根上に続く広い歩き易い登拝道、道は一般の登山道以上に整備されている。とはいえ、ハイキング気分で登るには多少長い。周囲は噂通りの原生林、サカキ、ツバキなどの常緑広葉樹の森、森閑な雰囲気に気持ちが清められる気がしてくる。ただ、道の右側は道に沿って有刺鉄線が張ってある。こちらは、大神神社拝殿の背部に当たる谷で本来の神域らしい。

まもなく、登拝道は谷沿いとなり、チョロチョロと流れる沢音に導かれ、苔生した岩やシダが生い茂った原始の山へ入っていく。この辺りから、所々に御幣の付いた注連縄が張ってある大岩が現れる。普段の登山なら見落とす岩だろうが、歩きながら見渡して行くと大岩という大岩に注連縄が張ってあり、岩は神が宿る場所、磐座として祀られているようで、一見不思議な光景が展開されている。さらに気を付けていると、何気ない場所には塩が撒かれていたりして、何か意味のある場所なのだろうと神妙は心持ち

狭井神社　ここが登拝口となる

になる。信者たちはそれぞれを参拝しながら登るのであろうか。

沢の音が大きくなったと思うと前方に東屋が見えてきた。この建物は禊場所である「三光の滝」の脱衣所らしい。脱衣所の後方に回ると、そこには小さな滝壷があり、一条の滝が水飛沫を上げている。滝壷に近づき、私のような不浄な人間は本来滝に打たれて全身禊しなければいけないだろうなぁと思いながらも、手と顔だけを洗う。

滝からは道はツヅラ折りとなり一気に標高を稼ぐと再び尾根上に上がる。急な登りは汗が身体中から吹き出してくる。息を整えながら空を仰ぐと、そよ風が枯葉を落としながら流れ、身体を冷やしてくれる。汗とともに穢れも流してくれる清々しい気持ちになる。尾根に上がると日が当たり、辺りが明るくなった。尾根の傾斜が急になったためだろうか、樹林の間から青空が広がり、後ろには飛鳥地方の田畑と大和三山が見え隠れしている。

前方に御幣の付いた注連縄が張られているのが見えてきた。尾根の一部が神聖な場所らしく、道は縄に沿ってトラバース道となる。ここは「中津磐座」と思うが、何の目印も道標もないし、生い茂った下草で視界も開けていない。注連縄の中はそんな世界か？　どんな磐座があるのだろうか？と見てみたい気もするが、縄を越えて入る勇気はない。

再び尾根上に戻り、さらに登りは続く。それほど急な登りではないし歩きやすい道だが、約四十五分歩き通してきて休憩したくなってくる。山全体は常緑広葉樹林帯、珍しい植物があるわ

大神神社

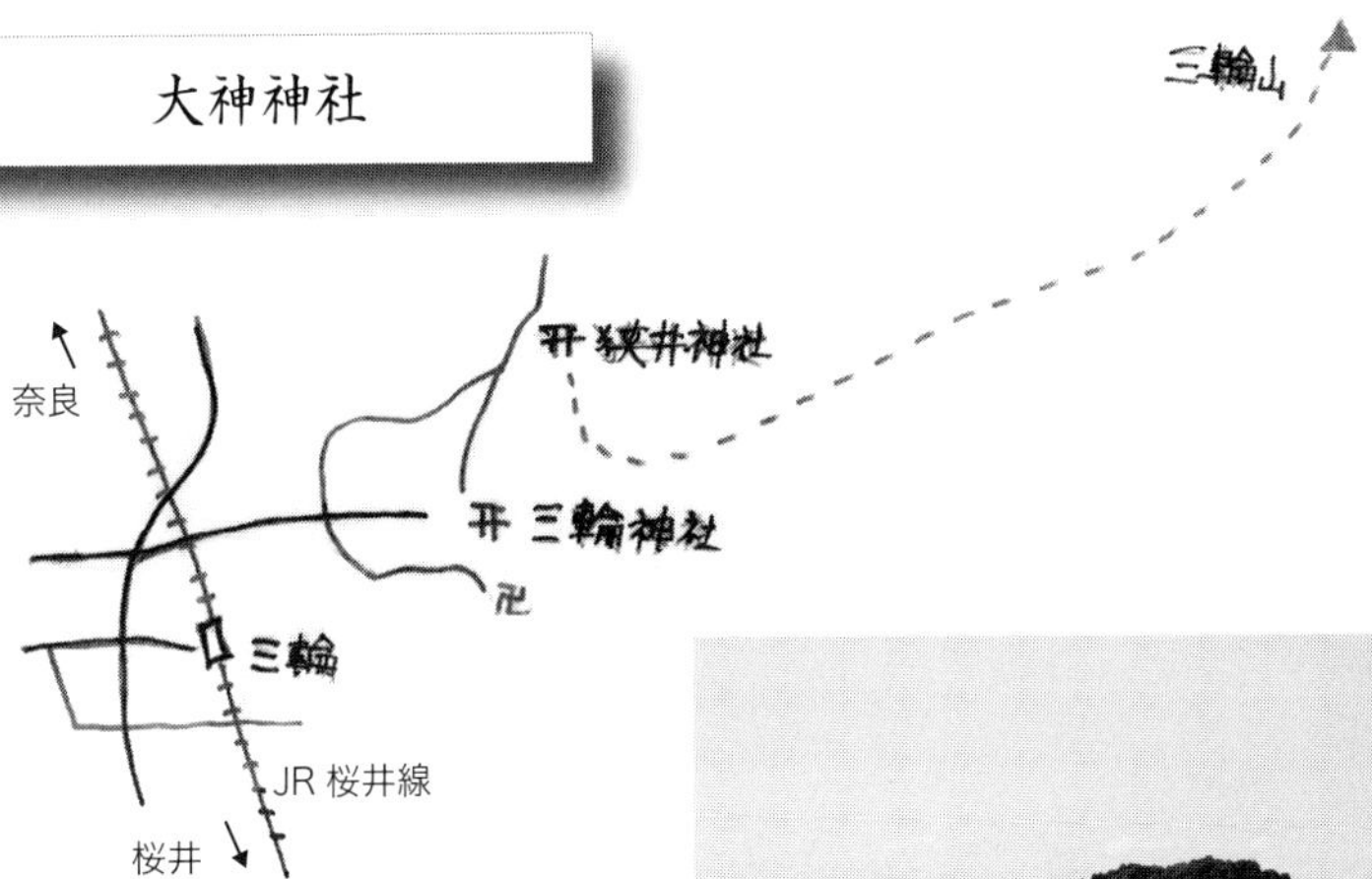

三輪山麓にある箸墓古墳

けでもないが自然の霊気が満ちた森となって続いている。と同時に、周りにスギやマツの高木に混じっているのに気付く。枝振りが良いヒョロヒョロと高い木が低木帯から飛び出して独特の雰囲気を醸し出している。

よく見れば、多くの大木の根元には御幣の付いた注連縄が巻かれている。この木々も神聖視されているのだと納得するが、永い歴史を持つ古社特有の神々しいまでに巨木な老木にはお目にかかれない。山中では風の強い日もあるのだろうと思う。そして、神聖視されて手が加わっていないと言われている森であるが、実際には枯死して倒れた高木をどかしたり、道を塞ぐ下草を刈ったり整備がされていると理解する。

上から賑やかな御婦人二人組が下ってきた。挨拶を交わすと、「もうすぐですよぉ」と、とても爽やかだ。これまでにも森閑な樹林で十人ほどの登拝者とすれ違ってきたが、みなさん、首から登拝証をなびかせながら、にこやかに挨拶を交す。何故か一般の山で会う人より親しみがあるようにも思えるが、「謙虚に登ろう」と普段の登山とは異なる私自身の心の持ちようかもしれない。傾斜が緩やかになってきたと思うと、まもなく小さな空き地に飛び出した。空き地の中央に祠が祀られ、祠の柱に「大神神社摂社・高宮神社」とある。山が御神体である大神神社に本殿があるはずもない。道は直角に折れて、祠の後ろへ続いている。祠に一礼して先に進む。

緑の回廊を進むと、辺りが平らになって、前方の下草の中に数個の巨岩が重なった場所が見えてきた。そして、巨岩の周りには枝振りの良い木や潅木が茂り、あたかも自然の庭園のようになっている。そして、その庭園を囲むように御幣が付けられた注連縄が張ってある。ここが、頂上の「奥津磐座」であろう。

頂上に近付くと、巨岩の前には五人の敬虔な信者らしき人が靴を脱ぎ地面に正座して合掌している。信者の前には供物らしくお神酒も並べられている。

突然、信者たちは山上に響き渡るような清々しい声で祝詞らしき歌を歌い始めた。少し驚異を覚えながらも、感動と戸惑いを感じながらしばらく後方に立って見ていた。「信ずるモノがある人の姿は美しいねぇ、風景に溶け込んでいるねぇ」と引き込まれてしまう。さらに信者たちは巨岩に向かい礼拝したり地面に降れ伏したりして儀式を始めた。

後ろの梢で鳴いた鳥のさえずりで我に返った。下山後、神官から聞いた話によれば、毎日登拝している熱心な信者さんたちだそうだ。儀式は続きそうなので、足音を忍ばせながら御幣が付けられた注連縄に沿って頂上周辺を探索する。何故だか心臓がドキドキして足が地に着かない気分である。やはり巨岩が重なった場所が標高が最も高い場所だ。平凡な景色ではあるが、自然そのままの姿がとても美しく、神が天から降臨するのにふさわしい場所だと納得する。再び「奥津磐座」の前に戻ったが、まだ儀式は続いている。儀式は真剣な世界で、無神論者の他人が入り込む雰囲気ではない。ここは遠慮して来た道を戻る。

ゆっくりと戻りながら、不思議だが美しい光景だったと回想する。これがヒマラヤやインカでの出来事ならこんなに興奮しなかっただろう。これまでに、歴史が詰まった山へ数多く行っているつもり、日本百名山も全山踏破していると言っても、こんな光景に出会ったことはなかった。似たような体験と言えば、北アルプスの立山、東北の月山などがあるが、まだまだ私の知らない空間が日本国内にも残っている。人は日本の山の歴史に対して謙虚にならなければならない、と再実感させられた。

「高宮神社」まで戻ると、親子連れらしき女性二人組が休んでいる。頂上を間違えているようだ。予期せぬ方向から現れた私に驚いたらしく「どちらから登られたのですか？」と問いかけてくる。そのおかしな問いに、「頂上はあちらです」と笑って伝えながら、神秘的な世界を垣間見てきた興奮から現実に引き戻された。

〔初出〕『山と渓谷』２００４年３月号　読者紀行「三輪山登拝」

〈アクセス〉名古屋＝（ＪＲ関西・桜井線　普通２：00）＝三輪駅

〈コースタイム〉三輪駅―（０：10）―大神神社―（１：00）―三輪山

〔案内〕なし

〔地図〕桜井

〈難易度〉★★　〈霊力度〉☆☆

紀伊国一ノ宮（伊太祁曽《いたきそ》神社、丹生都比売《にぶつひめ》神社 ＋高野山《こうやさん》）

紀伊国、現在の和歌山県には一ノ宮候補の神社が3社ある。すなわち、和歌山市にある日前国懸神社と伊太祁曽神社、高野山山麓の伊都郡かつらぎ町にある丹生都比売神社の3社であるが、いずれも古代・中世を通じて有力神社だったため、学説も定まらず、多くの一ノ宮に関する資料にもどこが一ノ宮か断定していない。山を御神体とする神社を巡る旅としては、丹生都比売神社を紹介しておくが、自然崇拝主義者としては、伊太祁曽神社も捨てがたい、先ずは伊太祁曽神社を紹介しよう。

突然話が変わるようだが、ペット動物の代表と言えば猫と犬、共に人間と古くから付き合いがある。人が猫を飼うのは、猫が持つ癒しだろう。夏目漱石の『我輩は猫である』をはじめ、猫の物語はたくさんある。

最近の話題として、廃線の危機から地方ローカル鉄道を救ったタマ駅長の物語がある。地方ローカル鉄道の無人駅（終着駅）の横で土産物屋を営んでいた主人が、飼っていた猫のタマを駅長として扱い、その癒し効果が評判になり、全国からお客さんが列車に乗って会いに来るようになり、鉄道会社が廃線を免れたというお話である。

今回ＪＲ紀勢本線の和歌山駅で、伊太祁曽神社の最寄り駅である伊太祁曽駅へ行く和歌山電鉄に乗り換えようとして驚いた。平日の平時というのに、ホームには溢れるほどたくさんの乗客がいる。その風景を見て、和歌山電鉄こそ、タマ駅長がいるローカル鉄道であることに気付いた。ホームで列車を待っている観光客は猫の絵が描かれた車両や車内の写真を撮り、駅で売られているたくさんのタマグッズを購入していた。私も話題に乗らなければと急遽予定を変更して、一日乗車券を購入しタマ駅長が居る終点の貴志駅まで往復した。残念ながらタマ駅長は高齢になっているようで、駅長室と書かれたガラス張りの小部屋でずっと寝ていた。

　和歌山電鉄の終点貴志駅まで行ってみたが、貴志駅は和歌山平野の端までは至っていない。周囲は小さな田畑が緑の丘に点在する、ごく普通の里山だ。そして、その途中にある伊太祁曽駅から南へ歩いて10分程で伊太祁曽神社の境内に着く。余り広いとはいえない境内に本殿と拝殿が並んでいる。そして、本殿横に社務所があり、樹の神様という関係で木材の資料室がある。一方、道を挟んで東側には、雑木林に包まれた古墳もあり、神社の周辺だけが自然の緑に包まれた古社という印象だった。

　さて、伊太祁曽神社は、日本神話の中で日本列島に樹木の種を蒔き、緑豊かな国にしたとされる五十猛命《いたけるのみこと》を祀る全国でも数少ない神社である。紀伊国は古代から「木の国」とされ、緑豊な日本の原型でもある。その一ノ宮とされる伊太祁曽神社では「樹の元」すなわち「気の元」というお守りを販売している。癒されて元気が回復するという点では、樹木、自然の緑こそ効果が抜群にある、と信じている私にとって、以前からずっと欲しかったお守りだ。そのお守りを手に入れて満足しながら、和歌山電鉄の電車に乗った。

　もう一つの紀伊国一ノ宮の論社である日前国《ひのくまくに》懸神社《かかすじんじゃ》も、最寄り駅が和歌山電鉄の日前宮《にちぜんぐう》駅なので、伊太祁曽神社へ行った時のついでに参拝出来る。和歌山市市街地にあり、周囲はたくさんの車や人が行きかい騒々しいが、緑に囲ま

れた境内に入れば、周囲の雑踏が嘘のように静寂な空間となっている。日前国懸神社は伊勢神宮と対になって天照大神を祀っている。

最後の論社である丹生都比売神社を訪れるには、世界遺産熊野古道の町石道をたどることをお勧めしたい。世界遺産熊野古道と言えば、和歌山県南部の熊野神社周辺だけと思っている人が多いが、世界遺産「熊野古道」の正式名は「紀伊半島の霊場と参詣道」であり、奈良県南部の吉野山や和歌山県北部にある高野山も含まれ、紀伊半島一帯に続いている。今回、一ノ宮巡りで、高野山の山麓にある丹生都比売神社へ行く計画をして、丹生都比売神社そのものが世界遺産に含まれることを知って驚いた。

ただ、私が知らなかっただけで、町石道は近畿地方に住む人々には良く知られたコースらしい。南海電鉄の観光チラシなどに詳しく紹介されている。高野山金剛峰寺へ昔ながらに歩いて訪ねる道であり、町石と言われる石の道標が一町ごとに設置されているため、その名がある。熊野古道が世界遺産に指定されてから補修されたらしく、歩きやすいコースになっている。高野口町の慈尊院の最初の180番の町石が基点となっており、高野山金剛峰寺が終点となっている。慈尊院への最寄り駅は、南海電鉄の九度山駅、あるいは、JR和歌山線の高野口駅となる。

超現代的な南海電鉄の大阪難波駅から列車に乗り込む。途中、橋本駅で高野山行きの列車に乗り換えると乗客はほとんどが地元の人になった。九度山駅で降りた客は数人、観光客は私一人だったが、駅には町石道を巡るマップも用意されており休日には訪れる人も多いようだ。九度山の集落を抜けてしばらく行き、集落外れにある神社、慈尊院などに参拝する。町石道は慈尊院が基点となっていて、寺院横にある道沿いに最初の180町を示す町石が立っている。3m程の高さで意外に大きい。ここから高野山まで180町、約18㎞の道のりだ。そのまま、神社境内を通り抜けると、しばらくは林や竹薮、だんだん畑を通って標高を上げていく。そして、山全体がミカン畑となった標高477mの雨引山山腹を登っていくと、ミカン畑の真ん中に小さな展望台がある。ちょうど良い休憩地であり、眼下には、深くえぐられた紀ノ川の流れと、その両側に河岸段丘として発達した集落や田畑が見えている。紀州ミカンの産地として有名な地方だ。そして、見る方向を変えてアッと思った。

とても美しい三角錐の山があったからである。持参してきた地図を広げてみると、高野山奥ノ院を取り囲む高野三山の一つ揚柳山だ。高野山金剛峰寺は、山中の小さな盆地にあり、さらに、弘法大師の御霊廟がある奥ノ院は谷奥にあり、その周囲を高野三山、すなわち、摩尼《まに》山、揚柳《ようりゅう》山、転軸《てんじく》山という山々に囲まれている。このミカン畑の中にある展望台からは、この高野三山がとても綺麗に見える。もちろん、高野山周辺には護摩ノ壇《ごまのだん》山など標高がもっと高い山もあるが、高野山金剛峰寺からは離れる。

丹生都比売神社の御神体とされる山はないものと思い、何が御神体か興味があったが、平安時代に真言宗を開いた空海が、本山とする聖地を探していた時、丹生都比売神社の御祭神である丹生都比売の御子・高野御子大神《たかのみこのおおかみ》が高野山を案内したという伝説があり、空海は丹生都比売神社を高野山の鎮守として篤く崇敬していたとされる。さらに、高野山は地域名であり、高野山という名前が付けられた山は無い。よって、揚柳山が丹生都比売神社の御神体の山であっても良いと気付き、何か大発見をした気分になって嬉しくなった。

休憩地から町石道は一面ミカン畑の山肌をだらだらと登っていくが、やがて、綺麗に植林された杉林や竹藪を抜け、杉林に囲まれた六本杉に付く。高野山へ行くなら、そのまま尾根道に続く町石道を行くが、丹生都比売神社へ立ち寄るために一度杉林の中の道を下る。すぐに下りきって小さな盆地にある水田の横に飛び出す。車も通る舗装された道を歩いていくと、周りを田畑に囲まれた数軒の民家が点在する天野集落にある丹生都比売神社に到る。

丹生都比売神社は、駐車場横の神苑にある大きな真っ赤な太鼓橋が目を引く。参道を歩くと、鳥居、楼門も真っ赤な朱塗りで緑の森に映えている。丹生都比売神社は、御祭神として丹生都比売と御子・高野御子大神などを祀っており、水源の神、水銀の神とされている。高野山との結びつきは強く、当社へ参詣せず高野山のみに参詣すると片参りになるとされていた。

再び丹生都比売神社の境内を出て、尾根上にある町石道へ登り返す。尾根上に戻った場所には二つ鳥居が立っている。そして、そこから再び、だらだら延々と植林された杉林の中に歩道が尾根沿いに続いている。しばらくすると、樹間に紀伊高原ゴルフ場のグリーンが見えてくる。以前、岐阜県瑞浪市域に続く中山道を歩いた時、旧中山道でゴルフ場を横切ったことがあったが、今回も愛好家がプレーしているグリーンの端を歩き、歴史散策気分を害された気分になった。

右下の谷間から車の走る音が響いてくると、高野山へ車で来る道と交わる矢立峠は近い。石段を下ると舗装道路、国道480号線に飛び出す。峠には、茶店も数軒あって一息入れられる。

再び、全山植林された杉林となった山腹をだらだら延々と登っていく。先ほど横切った国道を再度横切ると、そこから高野山まで、町石道は国道のすぐ上にある尾根上に続き、最後に国道と一緒に大門を潜る。

終点となる高野山金剛峰寺まで歩ききったが、既に夕闇が迫っていた。門前を素通りして、高野山門前街の中心にある千手院橋バス停で大阪へ戻る最終バスに飛び乗ることになった。名古屋から日帰りで町石道全コース走破するのは、正直キツイ。距離が長いため日帰りとしては健脚向きと言え、常に時間に追われる気がした。時間に余裕がある人は、大阪市内や高野山の宿坊などに泊まって歩かれることをお勧めする。

また、蛇足ながら、文中に紹介した摩尼山、揚柳山、転軸山の高野三山を巡るハイキングコースも存在しており、高野山奥ノ院を見下ろしながら植林された静寂な針葉樹林帯を巡る。

〈アクセス〉

◆伊太祁曽神社

名古屋＝（ＪＲ東海道新幹線　0：52）＝

新大阪駅＝（ＪＲ阪和線　快速1：15）＝

和歌山駅＝（和歌山電鉄　0：25）＝

伊太祁曽駅

〈難易度〉★　〈霊力度〉☆

◆丹生都比売神社

名古屋＝（近畿日本鉄道　特急2：10）＝

難波駅＝（南海電気鉄道　急行1：20）＝

九度山駅

＊注　九度山駅へ行く場合、南海電気鉄道の橋本駅で特急から普通に乗り換え。奈良や和歌山からＪＲ和歌山線を利用して橋本駅乗り換える方法もある。

〈コースタイム〉

九度山駅—（2：00）—丹生都比売神社—（4：00）—高野山

〔案内〕南海電鉄パンフレット

〔地図〕橋本、高野山

〈難易度〉★★★　〈霊力度〉☆

※町石道は世界遺産であり、歩く価値は大きいが、全山杉の植林で霊力度は小さいとした。

タニウツギ

郵便はがき

料金受取人払郵便

名古屋中局
承認

9014

差出有効期間
2026年9月29日
まで

460-8790

101

名古屋市中区大須
1-16-29

風媒社 行

注文書●このはがきを小社刊行書のご注文にご利用ください。

書名	部数

郵便振替同封でお送りします（1500円以上送料無料）

風媒社 愛読者カード

書　名

本書に対するご感想、今後の出版物についての企画、そのほか

お名前　　　　　　　　　　　　　　　　　　　　　（　　　歳）

ご住所（〒　　　　　　　　）

お求めの書店名

本書を何でお知りになりましたか

①書店で見て　　②知人にすすめられて

③書評を見て（紙・誌名　　　　　　　　　　　　　　　　）

④広告を見て（紙・誌名　　　　　　　　　　　　　　　　）

⑤そのほか（　　　　　　　　　　　　　　　　　　　　　）

＊図書目録の送付希望　□する　□しない

＊このカードを送ったことが　□ある　□ない

丹生都比売神社

3. 兵庫県の一ノ宮巡り

播磨国一ノ宮（伊《い》和《わ》神社＋宮《み》山《やま》）

播磨国は、今の兵庫県南部の大半を占める地域である。古代においての播磨国国府は、現在も当地方の中心都市である姫路市にあった。しかし、播磨国一ノ宮は、播磨国のほぼ中央部の現宍《し》粟《そう》市、姫路市から延々と揖保川を遡る、バスで一時間半程揺られた山中にある。

公共交通機関で行こうとすると、ＪＲ姫路駅からバスに乗り、姫路市と鳥取市とを結ぶ旧因幡街道、国道29号線を通って途中の山崎で乗り換える。バスは揖保川沿いに形成された深い谷間へ入って行く。旧一ノ宮町に入り谷間の中に広がる盆地に出ると、国道29号線は谷の東側山沿いを通っているため、バスの右側車窓は山の斜面のままであるが、左側車窓には広々とした水田が見えてくる。さらにしばらく進むと、車窓の両側に町並みが並び始め門前町に近づく。そして、神社前のバス停が近づくと、左車窓も山の陰が迫ってきた気がした。

さて、最近のインターネットで利用できる衛星写真は面白い。画質が良くなったため画像を拡大していくと、街を走っている車一台まで認識出来るそうだ。伊和神社を調べようと思って当地の衛星写真を検索して驚いた。衛星写真には、揖保川沿いに形成された小さな盆地が写されている。拡大していくと、水田が広がる盆地の真ん中に、盆地のかなりの面積を占める大きな島のような緑の森がある。こんな地形、植生は珍しく面白いが、それは伊和神社の境内にある大きな大きな鎮守の森である。何も説明が無ければ地図ではわからない世界だった。

その森は、伊和神社に着いた時にも強烈に印象付けられた。神社前でバスを下車して驚いた。山の陰が迫ってきたと思っていた左車窓の風景は、玉垣で囲まれた伊和神社境内に並ぶ杉が主となった鬱蒼とした巨木の森だったのである。反対側には、国道を挟んで伊和神社の駐車場となっており、神社の駐車場周辺には道の駅として整備された売店やレストランがある。そして、その背後は黒々とした植林された杉に覆われた山となっている。衛星写真でもわかったように国道が通る門前街は山の森と鎮守の森との狭間に集中しているのである。

国道沿いに立つ鳥居を潜り伊和神社の境内に入っていくと、昼なお暗い、杉や檜の巨木を主体とした深い森となっている。鎮守の森となった境内の中心辺りに本殿や拝殿が建ち、拝殿の前は広場となっているが、周囲の巨大な森による圧迫感のせいか狭く感じる。いや、森のせいだけが理由ではない。普通、神社の本殿は南に向いて建てられているものだが、伊和神社の本殿が北向きになっている。日光の当たり方、建物が作る影の出来方のせいだろう。伊和神社の本殿は、鶴石と呼ばれる神聖な磐座の前に立てられている。本殿で参拝した後、案内札に従って鶴石に参拝する。苔むした通路を通って本殿裏へ行くと、注連縄を張られた岩が祀られている。来る前に想像していたより小さい。この石の上で鶴が二羽も眠れるだろうか。

社伝によると、鶴石は神社に祀られている伊和大神が「私を祀れと神託し、一晩のうちに杉や檜が茂る広大な杜が生まれ、多くの鶴が舞っていた。朝になると、その中心にある石の上に二羽の大きな白い鶴が北を向いて眠っていた」という伝説のある磐座であり、それゆえ神社も北を向いているとされている。

神社が北向きという伊和神社の特異性について、北方にある古代の出雲に対する威嚇という学説もあるが、以下に述べる伊和神社の神事のためのような気がする。

伊和神社には「三つ山祭」という奇祭がある。最近では２００７（平成15）年、次回は２０２８（平成36）年に開催されるそうだが、21年目ごとに一度「一つ山」、61年目ごとの甲子の年に一度「三つ山神事」として、御神体とされる宮山など周囲にある四つの山の上に旗を立てて拝むという祭事である。

神社への参拝後、社務所へ行って神主さんから旗を立てる四つの山の位置を聞いた。地図を見ると神社周囲は全て山々に囲まれている。しかし、祭りで旗が立てられ祀られるのは、社殿から見て、ほぼ北東にある宮山《みやま》、ほぼ東南東にある白倉山《しらくらやま》、ほぼ西南西にある高畑山《たかはたさん》、ほぼ真北にある花咲山《はなさきさん》であり、神社から見て南側の山上にはない。いずれの山にも素敵な名前が付いているが、神主さんの説明によると、いずれの山も旗を立てるのはいわゆる山頂ではなく、山頂から伸びる尾根上にある磐座がある場所らしい。そして、いずれの山も整備されているわけではないが、山慣れた人ならば磐座まで到達出来るそうだ。せっかく来たので、祭りの会場となる山、御神体の山を巡るということで宮山へ登ることにした。

その前に、伊和神社境内から西側に広がる水田に出て、水田から祭が開催される宮山、白倉山、高畑山、花咲山を見渡してみた。いずれの山も神社から目視できる。そして、いずれの山も比較的綺麗な山容の山であるが、特に宮山と花咲山は均整が取れた三角錐をしている。ただ、それぞれの山の磐座があるとされる場所は、緑色、いや、黒々とした杉や檜に覆われており場所を特定することが出来ない。

参道へ戻り、国道を横断して集落を抜け、緩やかな山裾に切り開かれた舗装された広い道を登っていくと、切通しの上に鳥居と石段がある。石段を登ると小さな公園になっており祠と東屋がある。車が通れる道は、その上にある貯水槽で終わっており、そこから雑木林の中に登山道が続いていく。史跡散策路として地元が整備しているらしく、勾配は急であるが道幅は広い。道の上には大きな岩が点在していて歩きにくいが、雑木林を大きく回り込みながら登っていくと標高514mの山頂からほぼ真っ直ぐに南へ伸びる尾根の上に飛び出す。この尾根に飛び出した場所にベンチが置かれ、良い展望台となっている。ここで小休止しながら周囲を見渡すと、先ほどまで散策していた盆地の様子がよくわかる。

この尾根に沿って山頂までかなり急な勾配で登山道が続いているが、この尾根自体が中世に当地を統治していた赤松氏の山城址らしく、山中のところどころに石垣跡があったり、その上に屋敷跡らしい狭い平地があったり、中世遺跡が点在している。神社の磐座を見るために登ってきたつもりが、遺跡探検気分になってきて気持ちが高揚させられる。

伊和神社の祭りに使われる磐座は、標高450m辺りにあり、巨大な岩がいくつも積み重なった場所だった。祭りが21年目ごとのためか、私が登った時には注連縄も何もなかった。しかし、小さな祠と巨岩、そして巨岩の下にある小さな空き地が祭会場であることを明白に示していた。

せっかくだからと山頂まで行ってみる。岩がゴロゴロと点在している道幅の広い道が山頂まで続き、山頂にも中世城址の遺跡があった。山頂には三角点と標識があったが、潅木が多くて神官さんに教えていただいた白倉山、高畑山、花咲山など、周囲の景色は見渡せない。しかし、樹木を通して、揖保川が流れる山々に囲まれた盆地から野焼きの煙が立ち上がり、盆地を大きく占める伊和神社の森が見え、そのほのぼのとした典型的里山風景に癒された。

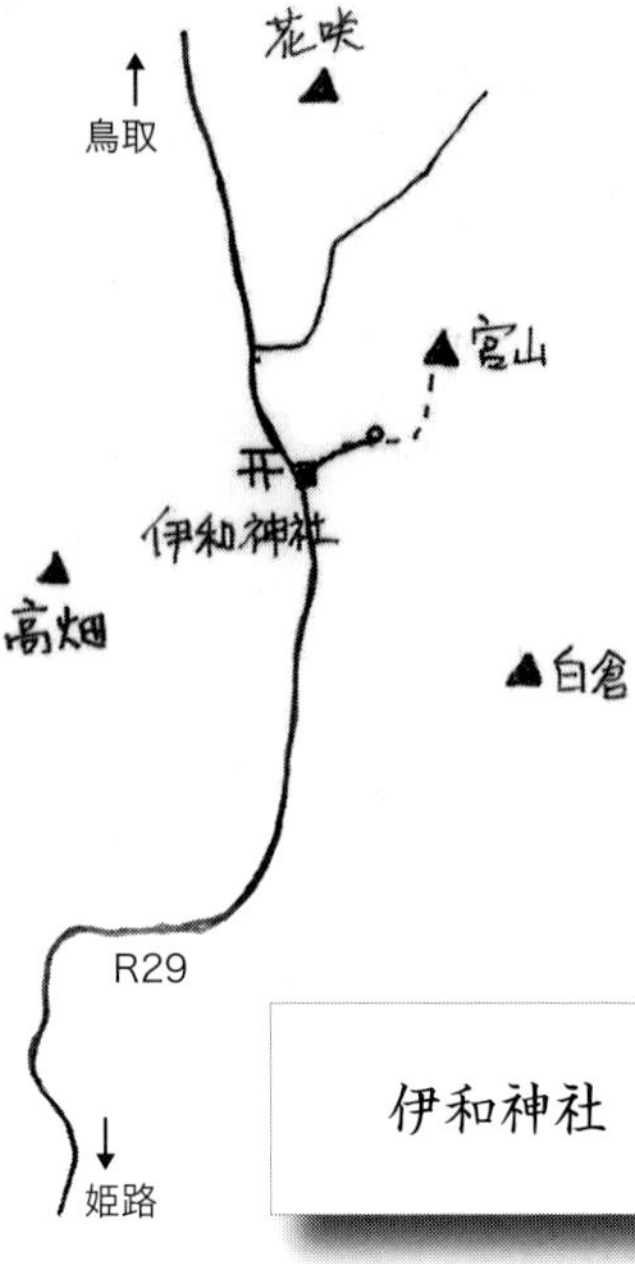

伊和神社

さて、「三つ山祭」「一つ山祭」について追記しておく。この祭りは姫路市内にある射楯《いたて》兵主《ひょうず》神社でも開催されている。ただし、この神社があるのは姫路平野の真ん中である。そのため、こちらでは、本物の山ではなく巨大な竹細工の山を作って飾る置物で「置き山」と呼んでいる。時代を経て、この「置き山」に車が付けられ、人々に引かれるようになって「山車」になったと言われており、現在の祭に付き物となっている山車の原型とされている。

射楯兵主神社も『延喜式』に記されている古社であるが、播磨国の総社でもある。本殿には、射楯大神と兵主大神が祀られているが、兵主大神が伊和大神のことで、播磨国一ノ宮である伊和神社との関係を示しているそうだ。総社として、末社に播磨国総神殿があり播磨国の１７４柱を祀っている。

射楯兵主神社は姫路城のすぐ近くにあり、JR姫路駅から徒歩約15分で訪れられるので、伊和神社へ行った帰りに立ち寄れる。

〈アクセス〉名古屋＝（JR東海道新幹線ひかり　1：40）＝姫路駅＝（バス　1：00）＝山崎＝（バス　0：30）＝伊和神社前

〈コースタイム〉伊和神社前―（0：10）―伊和神社

伊和神社前―（0：40）―宮山

〈案内〉なし

〈地図〉姫路北部

〈難易度〉★★　〈霊力度〉☆

但馬国一ノ宮（出石《いずし》神社と粟鹿《あわが》神社＋粟鹿山）

名古屋市から公共交通機関を利用して山陰地方の一ノ宮を訪ねるのは意外と不便だ。前日に城崎温泉に宿泊し、但馬国一ノ宮を巡ることにした。

早朝、豊岡市駅前にあるバスターミナルから出石行きのバスに乗り、終点の出石中心市街地にあるバス停で下車する。豊岡盆地の一角にある周囲を山に囲まれた小さな谷間に形成された小さな町並みは但馬の小京都とも呼ばれ、室町・江戸時代に栄えた出石城を中心とした小さな城下町が観光地となっている。

ところが、ガイドブックの記述を鵜呑みし、事前調査を手抜きして出石神社の位置を確認しなかったため、出石神社は、出石の町並みから北へ約3㎞も離れていることに現地へ着いて気付いた。限られた時間内で歩いて参拝するには遠すぎる。あわてて現地で滞在時間を計算し、豊岡駅へタクシーで帰ることに決める。

　豊岡盆地を囲む山々の麓の一角、出石の町並みから少し離れ、周り一面を水田に囲まれた農村部に出石神社はあった。綺麗に整備された駐車場や境内を見ながら、いつも通りに参拝する。室町時代の書かれた神社に残る古文書によると、出石神社の祭神は新羅の王子である天日槍命《あめのひほこのみこと》とされ、一ノ宮の中で唯一渡来神を祀っているとされる。その一方で、神社境内北東部に老樹が茂る禁足地があり、その神苑には清水があり、神社名（伊豆志《いずし》）の由来とされている。元々は泉、すなわち川の源頭を祀っている神社かもしれない。

　さて、出石を含む豊岡地方はコウノトリの繁殖に成功し、生活の中に自然のコウノトリが居ることで昨今話題になっている。復活のために絶滅の原因となった農薬を除去し、盆地全域に広がる田畑で餌となるような生物も守り、無農薬で栽培された米を「コウノトリ米」というブランドで販売している。また、郊外に建設された繁殖センターも観光地となっている。出石から乗ったタクシーの運転手さんは、豊岡へ帰る道沿いにある野生のコウノトリがよく見られる円山《まるやま》川の川原に寄ってくれた。

　さて、せっかく出かけてきた出石神社を慌て気味に去ったことには理由がある。但馬国にはもう一つ、朝来《あさご》市に粟鹿神社がある。江戸時代の一部資料に但馬国一ノ宮とされる神社であるが、粟鹿山を御神体とするため、一度登拝したかった。その粟鹿神社へ行くための最寄り駅は山陰本線梁瀬駅。しかし、駅に止まる山陰本線の普通列車は一時間に一本しかない。タクシーを使ってまでも、予定の列車に乗ろうと豊岡駅に戻ったわけである。

　さて、粟鹿神社の立地場所は、丹後国と但馬国、現在の京都府と兵庫県の県境にある逢坂峠直下にある。その峠を現在、北近畿豊岡自動車道路と国道427号線、そして、すぐ近くを国道8号線、JR山陰本線がそれぞれトンネルで抜けている。岐阜県の関ヶ原と同じように交通の要衝であり、隘路となった峠道は、歴史上何度も決戦の地となったらしい。童謡『とおりゃんせ』の舞台とも言われ、「粟鹿山に大国主神の御子神で荒ぶる天美佐利命《あめのみさりのみこと》という神がいて、峠を通る人を殺していたので、この神を鎮め祀って粟鹿大神とした。粟鹿山の山名の由来は、山に角の間から粟が生えた白鹿が住んでいたことによる」という伝承があり、荒ぶる神とは当地に住んでいた豪族と考えられている。

　梁瀬駅に降りると駅は無人で案内表示もない。事前調査で購入してあった国土地理院の地図『矢名瀬』を広げ、駅を出発し国道9号線を横切り、小さな谷間に広がる水田地帯の中央を流れる粟鹿川に沿って粟鹿山の山麓に遷座する神社に向かう。周囲の水田には一面に青い稲穂が付き始めており、道端にコウノトリ米産地と立て札もある。現在、高速道路が粟鹿山の麓を通過しており、その高架を潜ると森となった山の尾根突端に粟鹿神社の鳥居が立っている。先ずは、鳥居を潜り参拝する。境内は鬱蒼と杉林で覆われ、境内一面苔に覆われている。大きな立派な本殿が建っているが神主無住の神社らしい。静寂な空間に包まれて参拝しながら、風情ある古社の雰囲気を楽しむ。

　さらに谷を進むと、兵庫県の研修施設があり、森の中に舗装された道とそれに沿った自然観察路が続いており、研修用のバンガローが点在している。敷地内には古墳など古代遺跡もあるようだが、時間を惜しんで足を進める。

さて、私が持っている国土地理院の地図『矢名瀬』は平成14年発行であるが、当地は台風の被害を受け、地図に記載されている登山道は廃道になっているらしい。現地の立て看板に従い、地図には無いルートを取る。兵庫県の施設を通り抜け、薄暗い森の中を谷奥まで進むと、見事な杉の植林地が広がり、登山道がジグザグ道となって森の中へ消えている。

綺麗に整備された杉の植林地の中を、かなり急な勾配の登山道で一気に高度を稼いでいく。この道は登山者用の道というより、植林されている森を整備する道らしい。頭上が明るくなったと気付くと、小さな沢の小さな堰堤の上に林道の切通しが見えてくる。地図には記載されていない林道である。林道を横断して、さらに登山道の周囲には杉の植林地が続く。山の傾斜が緩くなったと感じると周囲は広葉樹林帯になる。そして、突然、南北に続く尾根の上に飛び出す。そこには、山の反対側から登ってきた舗装された林道が尾根に沿って続いている。林道が続く方向には、複数の無線中継塔が立つ山頂が見えているが、この林道を山頂まで嫌気が差してくるほど延々と辿る。

ようやく到着した山頂には、無線中継塔が大きな顔をしていて興ざめではあるが、最も高い場所に小さな空き地があり、山頂を示す標識や三角点が設置されている。両側が切り立った山頂となっているため、高度感があって、ここから見える展望は格別な絶景である。青息吐息で登ってきた但馬国、兵庫県側。そして、反対側の丹後国、京都府側。どちらを向いても同じように青々と延々と広がる山並み、その間に形成された谷底、そこに点在している集落が見渡せる。舗装された林道は、延々と真下にある谷底を経て、さらに一筋の道となって遥か遠くの盆地にある街まで続いていた。

現在、山頂に無線中継塔が乱立し、山域に天然林がほとんどない粟鹿山には、古代の御神体として聖なる面影は全くなかった。しかし、広々と周囲の地域を見張らせる場所は、社伝のように、住んでいた豪族にとっては重要な場所だっただろう。古代豪族の気分になって大展望をいつまでも独占した。

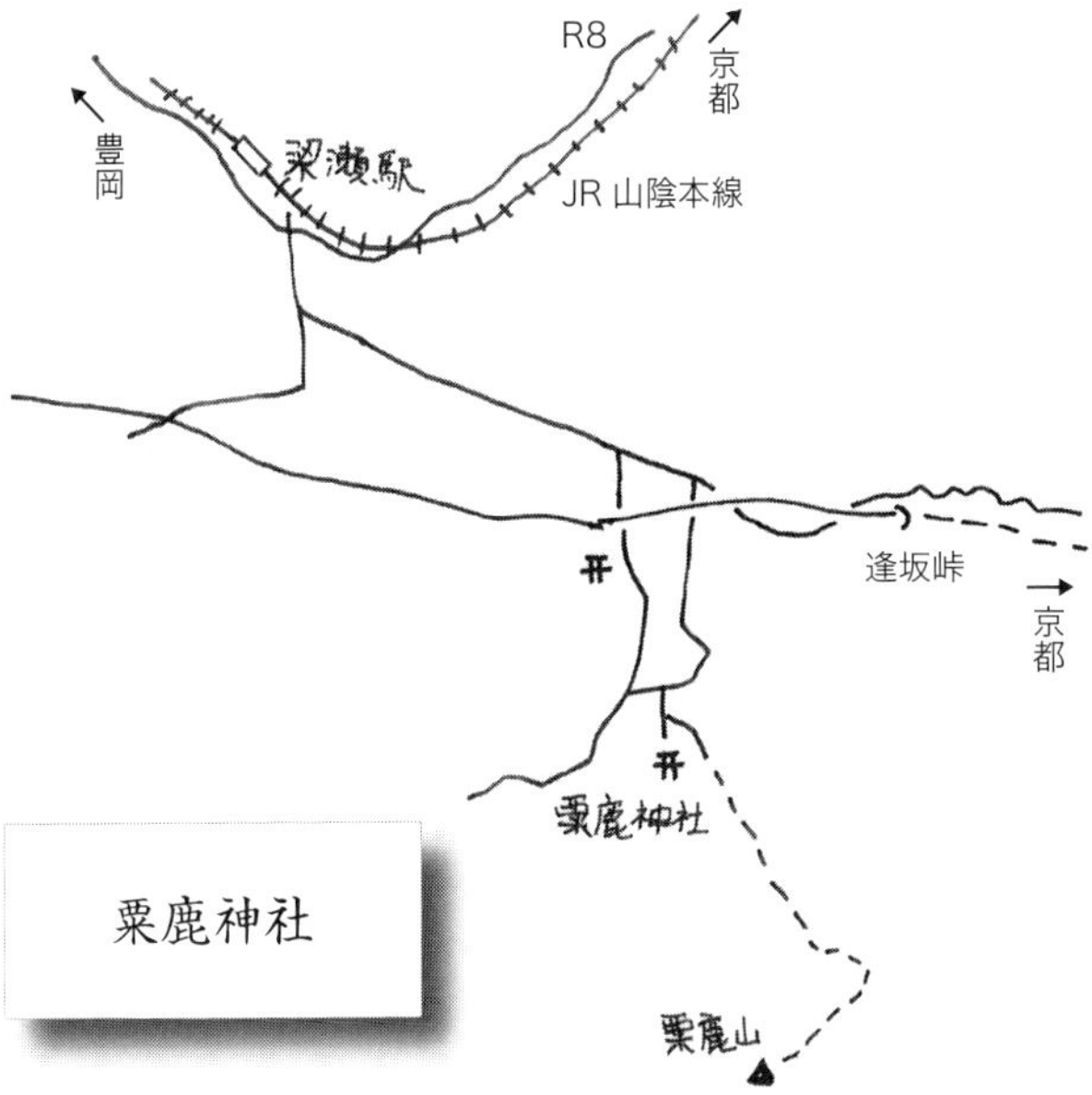

ショウジョウバカマ

〈アクセス〉
◆出石神社
名古屋＝（ＪＲ東海道新幹線、０：52）＝
新大阪駅＝（ＪＲ福知山線　特急２：35）＝
豊岡駅＝（バス　０：30）＝出石
◆粟鹿神社
豊岡駅＝（ＪＲ山陰本線　普通０：40）＝
梁瀬
または、福知山駅＝（ＪＲ山陰本線　普通
０：30）＝梁瀬

〈コースタイム〉
◆粟鹿山
梁瀬駅―（１：00）―粟鹿神社―（２：00）―
粟鹿山
〔案内〕なし
〔地図〕矢名瀬
〈難易度〉★★★★　〈霊力度〉☆

III　西日本の一ノ宮巡り

中国地方の一ノ宮巡り

四国地方の一ノ宮巡り

1. 中国地方の一ノ宮巡り

安芸国一ノ宮（厳島《いつくしま》神社＋弥山《みせん》）

２０１０年の夏、厳島神社の管絃祭を見学した。瀬戸内海を舞台に、平安時代さながらの手漕ぎの船が大海原に繰り出し、潮の香りが漂う中、かがり火が炊かれ、ひたひたと潮が満ちる中、潮騒がバックグラウンドミュージックとなった海岸で、雅な雅楽が奏でられる海の神事は、幽玄この上もない。そして、雅楽を奉納した後、管絃船が岸から離れる時に、船が三回転半回される勇壮な海の男達の神事、一連の祭事を見て島国日本人の魂が揺さぶられたようで涙が出るほど感動した。広島県の厳島神社は、市杵嶋姫命《いちきしまひめのみこと》、田心姫命《たごりひめのみこと》、湍津姫命《たぎつひめのみこと》、いわゆる海の女神・宗像三女神を祀る神社である。

広島湾の沖合いに浮かぶ宮島は、少しいびつではあるが形の良い二等辺三角形をした島影を瀬戸内海に映しており、その姿は太古の昔から瀬戸内海を航行する船にとって、天然の燈台として崇められていただろう。そして、約千年前に平清盛によって海岸に建てられた国宝の社殿は、時代を超えた神の島のシンボルとして瀬戸内海にとても美しく調和しており、古くは日本三景として、現在は世界遺産に指定され、誰でも一度は参詣したいと思う著名な景勝地であるし、一度来るとその風景はたいへん印象深く記憶される。

そして、宮島は島全体が国の天然記念物で

安芸国一ノ宮　厳島神社の大鳥居

ある。千年もの間、神の島として島全体が原生林のまま維持され、保全された景観によって厳島神社が引き立てられていることも、世界遺産として指定された理由の一つだと思う。中心になるモノだけではなく、背景を含めた総括的な保存こそ重要と教えてくれる。

さて、厳島神社へは、広島駅からＪＲ山陽本線や広島電鉄に30分程乗ると宮島対岸にある宮島口駅に至る。駅の目の前には、宮島との間を頻繁に行き来しているフェリーの宮島口港がある。

至近距離にある宮島口港から、フェリーは広島名産の牡蠣養殖筏が浮かぶ景色を横目に見ながら出航する。正面には、青い海原に緑色に大きく聳える島影が見えており、その中心にくっきりとしたアクセントとして赤い鳥居が立っているのが望まれる。厳島神社の美しい見事な景観で、その赤いシンボルがどんどんと大きくなり、わずかな船旅で宮島港に到着する。

宮島へ訪れた人のほとんどが厳島神社へ直行する。国宝であり、世界遺産である海上に建築された極楽のような神殿に参拝し、隣接する寺院や土産物店を見学し、周囲に建てられた歴史資料館や水族館を巡るだけでも半日はかかる。

しかし、それだけが宮島の魅力ではない。宮島の最高峰は標高５３０ｍ程あり、山頂だけでも行こうと思ったら、ロープウェーで一気に登

厳島神社の鳥居と本殿

管弦祭に参加する祭船

る方法もあるが、整備されたハイキングコースを歩けば聖なる神の島の雰囲気を実体験することが出来る。山頂へ至る道も何本かあるが、私が登りに使った紅葉谷も、下りに使った白糸川に沿った道も、常緑広葉樹を主体とした森が明るく広がり、時より森影から鹿が現れる霊地だった。天然記念物として原生林のまま維持され、登る時間は僅かではあるが聖なる島の清浄な森の精気を身体いっぱい吸収できる気がした。

山頂部には、ロープウェーの山上駅である獅子岩駅を基点として、山頂部を一周出来る散策歩道が整備されている。宮島の最高峰は弥山と呼ばれ、大きな巨岩が積み重なっている。山頂からの眺望は見事で、周囲に広がる瀬戸内海の青い海と緑の島々、海を航行する貨物船、操業する漁船が見られ、あるいは対岸方向には、中国地方の山々や広島平野の町々、広島湾に浮かんでいるたくさんの牡蠣養殖筏がはっきり見える。瀬戸内海の絶景を眺め、巨岩に登ったり潜ったりを楽しみながら山頂部を周遊するだけでも気持ちが良い。さらに、山頂には求聞持《ぐもんじ》堂などがあり、その中には創建以来灯されているとされる火があり、そ

厳島神社

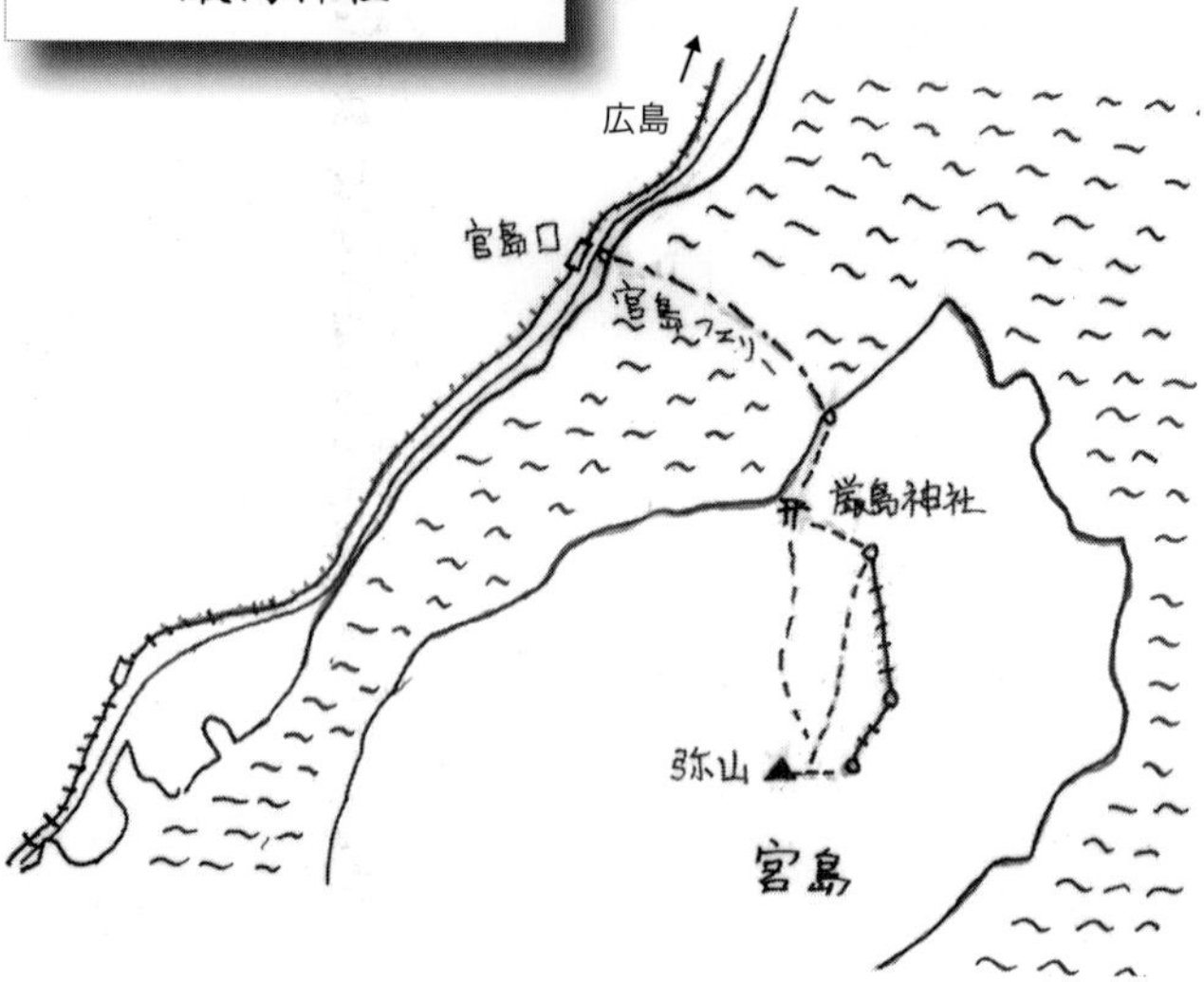

の火で沸かされた暖かいお茶をいただくだけでも清浄な気持ちが高まってくる気がした。

下山後、厳島神社の門前街を歩きながら、宮島は最も気軽に御神体の山を体験出来る世界かもしれないと思った。

〈アクセス〉　名古屋＝（ＪＲ東海道山陽新幹線のぞみ　２：15）＝広島駅＝（ＪＲ山陽本線、普通０：30）＝宮島口駅＝（フェリー　０：10）＝宮島

〈コースタイム〉　宮島―（０：10）―厳島神社―（１：45）―弥山

〔案内〕　多数

〔地図〕　厳島

〈難易度〉　★★★

〈霊力度〉　☆☆

宮島の山中から見た厳島神社

中国地方の一ノ宮

現在の中国地方も、古代の国とは多少違う。現在の岡山県の大半と広島県の半分を占める地域には、古代、吉備《きび》国があったそうだ。7世紀後半、吉備国は、備前《びぜん》国、備中《びっちゅう》国、備後《びんご》国に分割され、吉備国にあった現在の岡山市にある吉備津《きびつ》神社をそれぞれの国に分霊したらしい。

その結果、備前国一ノ宮として岡山市にある吉備津彦《きびつひこ》神社、備中国一ノ宮として岡山市にある吉備津神社、備後国一ノ宮として福山市にある吉備津神社がある。なお、岡山県の北部には美作《みまさか》国があり、美作国一ノ宮として津山市にある中山《なかやま》神社がある。

また、広島県西半分には安芸《あき》国があり、安芸国一ノ宮として廿日市《はつかいち》市にある厳島神社がある。

以下、鳥取県には因幡《いなば》国と伯耆《ほうき》国があり、因幡国一ノ宮として鳥取市にある宇部《うべ》神社、伯耆国一ノ宮として湯梨浜町にある倭文《しどり》神社。島根県には出雲《いずも》国、石見《いわみ》国、そして、隠岐《おき》国があり、出雲国一ノ宮として出雲市にある出雲《いずも》大社、石見国一ノ宮として大田市にある物部《もののべ》神社、隠岐国一ノ宮として水若酢《みずわかす》神社。山口県には周防《すおう》国と長門《ながと》国があり、周防国一ノ宮として防府市にある玉祖《たまのおや》神社、長門国一ノ宮として下関市にある住吉《すみよし》神社がある。

この内、御神体として崇められている山がある神社も、出雲大社、物部神社などあるようだが現地確認できていない。

2. 四国地方の一ノ宮巡り

阿波国一ノ宮（大麻比古《おおあさひこ》神社＋大麻《おおあさ》山）

自由に休暇が取れない忙しいサラリーマンにとって、夜間に旅先へ移動してくれる交通手段はありがたい。高度成長時代には、ＪＲの夜行列車や寝台列車が何本もあったが、利用客の減少により廃止されて、代わりに夜行バスが増えてきた。

ある日思い立って夜行バスに乗り、阿波国一ノ宮を目差した。まだ夜が明けきらないＪＲ徳島駅で降り、ＪＲ高徳本線の始発列車に乗り込み坂東駅で下車する。坂東駅周辺は、四国八十八ヶ所第1番札所の霊山寺の門前街であり、駅前の狭い路地に古い町並みが続いている。そして、早朝の薄明の中、進行方向にとても均整がとれた綺麗な三角錐の山容を持つ山が見えている。大麻比古神社の御神体とされる大麻山である。10分程歩くと、霊山寺の門前に出るが、寺には帰りに寄ることにして、先ずは霊山寺の横を通り、周囲に田畑が広がる道をさらに北へ向かうと、高松自動車道路の高架をくぐり、大きな鳥居の下に出る。鳥居の下からは両側に樹木が植えられた長い参道となっており、真っ直ぐに神社に続いている。参道の横には広い谷間に段々畑が広がっており、その中に丸山公園がある。第一次世界大戦の時ドイツ人捕虜収容所がここにあり、住民との間で友好関係を深め、ベートーヴェンの交響曲第9番「合唱」が日本で初めて披露されるなど、ヨーロッパとの文化交流の歴史があり、それを記念して造られた。

　そんな平和そうな風景を見ながら、先ずは、大麻山の山裾が平野に飛び出した先端上にある大麻比古神社境内に入る。広い境内には何本もの巨樹が茂り一面に玉砂利が敷かれて綺麗に掃除されており、深い森を背景にして境内の中心に本殿などが並んでいる。大麻比古神社の祭神、大麻比古大神は名前の通り麻の神様らしく、社務所では麻袋のお守りを売っている。

大麻比古神社の鳥居と大麻山

　境内西の玉垣にも出入口があり、神社背後の森へ続く道に出る。その道は、神社の裏手で道幅は広いまま急な登り道となり、そのまま大麻山へ登る登山道となって山頂から神社へほぼ真っ直ぐ伸びる尾根上に続いている。夜行バスで来たため、寝ぼけた身体がやたらと重く感じられるが、すぐあずまやとベンチがある展望台に出る。呼吸を整え一息入れて、再度急な勾配の道を一歩一歩登っていく。道の勾配はかなり急であり、ところどころに大きな岩を素手でつかまって登る場所もある。しかし、ぐんぐんと高度を稼いでいくために展望台から見る景色は素晴らしいものがある。真下に吉野川が流れる谷間が広がり、遥かかなた徳島市まで平野が続いている様子が見渡せる。条件が良ければ、四国の名山である剣山が見えるらしい。

　大麻山全体が雑木林のようで、大木と言える樹木は少ないが自然豊かな林に包まれて気持ち

山麓の里宮（上）と山頂の奥宮（下）

が良い。急な勾配ゆえにどんどんと高度を稼いでいく。

遠くから見ると綺麗な三角錐の山容である大麻山は、山頂に近づくほど森も深くなり、登る勾配もきつくなる。そして、最後に到達した山頂は狭かった。そして、その狭い山頂に樹林に包まれて奥宮があり、山頂部を独占するように意外に大きな立派な社殿が静寂な森の中に鎮まっている。狭い山頂ゆえに急な斜面から滑り落ちてしまいそうである。

ところで、大麻山は徳島県を代表する山でもあるらしく、『徳島県の山』のガイドブックにもコース案内がある。帰路は神社の反対側にある北側の展望台を経由して戻ることにする。山の北側も急な勾配となった下り坂となっているので、足元に気をつけてゆっくり下っていくと、送電線の鉄塔横に良い展望台がある。

標高５３８ｍある大麻山は、鳴門海峡のすぐ近くに聳え、眼下には青々と広がる瀬戸内海や鳴門海峡の展望が素晴らしい。海峡のすぐ横に続く淡路島、海峡を渡る鳴門大橋、海で操業する小さな漁船もくっきり見えている。また、周囲は緑一色の山地であり、海岸沿いも手に取るように見える。

逆に、瀬戸内海や鳴門海峡などの航路を通る船から見ると、大麻山は自然の良い燈台になっ

大麻比古神社

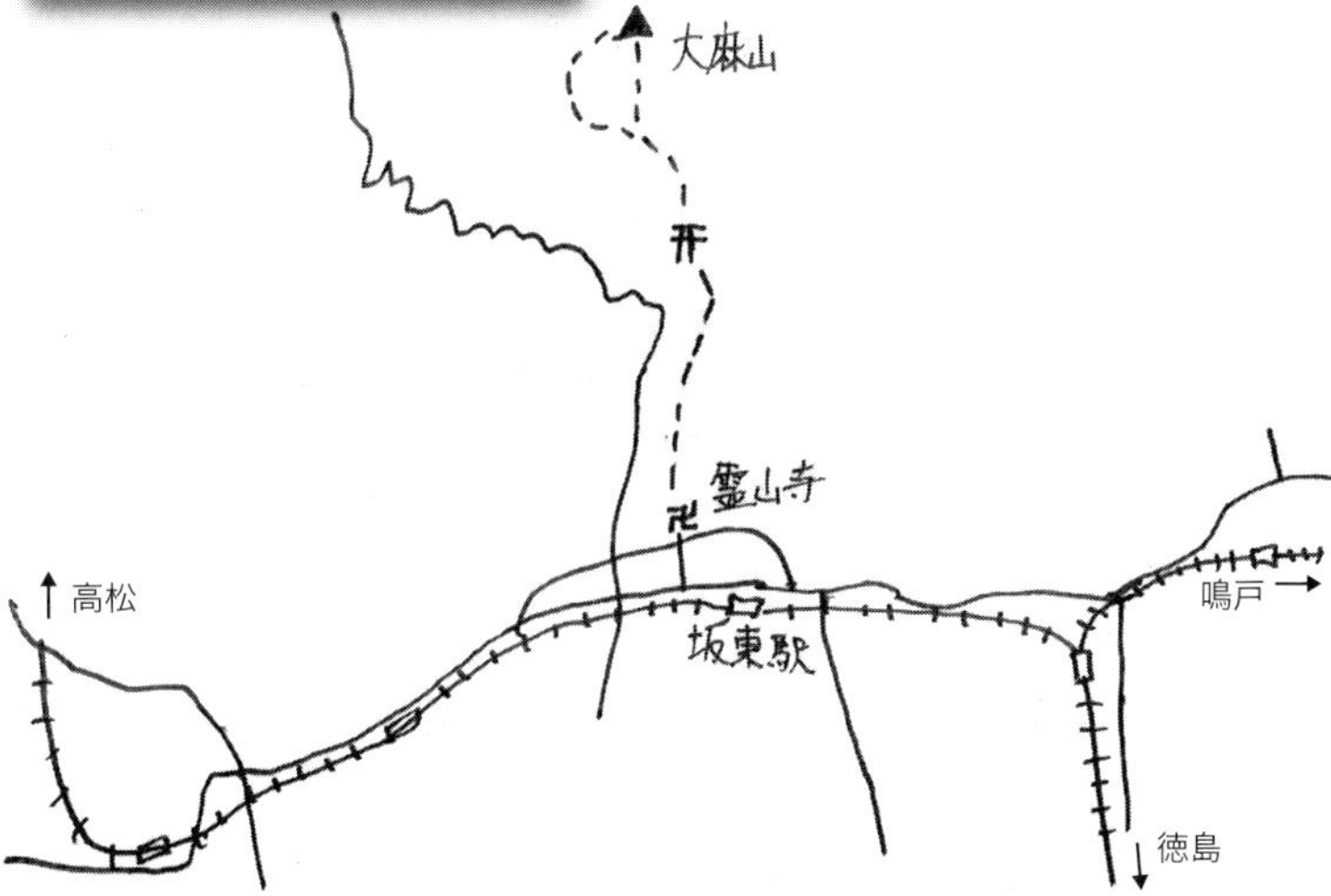

ていただろう、船乗りや旅人にとっては、船旅の安全を守ってくれる神だったのだろう。

〈アクセス〉名古屋＝（名鉄バス、夜行6：40）＝徳島駅　＝（JR高徳本線、普通0：25）＝坂東駅
または、名古屋＝（東海道新幹線　0：52）＝大阪駅＝（高速バス　2：40）＝徳島駅
注：夜行以外の名古屋発徳島行きバスもある。徳島へは、大阪、京都、神戸発着の高速バスの本数が多い。もちろん、岡山まで新幹線を利用して高松経由の利用もある。
〈コースタイム〉坂東駅―（0：30）―大麻比古神社―（1：30）―大麻山
〔案内〕徳島県の山（山と渓谷社）
〔地図〕撫養
〈難易度〉★★★　〈霊力度〉☆☆

伊予国一ノ宮（大山祇神社《おおやまづみ》＋鷲ヶ頭山《わしがとうさん》）

　瀬戸内海の中、広島県東部にある福山市と愛媛県中央部にある今治市との間には芸予諸島が並んでいる。因島、伯方島、大三島などの島が続き、平成11年にはこれらの諸島に何本かの橋が架けられ「しまなみ街道」として高速道路網が開通した。その島の一つに大三島があり大山祇神社が祀られている。戦国時代に村上水軍の拠点になるなど歴史の表舞台にもよく登場する名社として広く知られているが、大山祇神社はその名前の通り山の神を祀っており、全国に多数の分霊社がある総本社だ。そして、大山祇神社には御神体とされる鷲ヶ頭山がある。しかし、瀬戸内海に浮かぶ島にある神社が何ゆえ山の神を祀っているのか不思議と言えば不思議である。

　もう一つ、大山祇神社は伊予国一ノ宮でもある。伊予国は現在の愛媛県、現在の県庁所在地である松山市、国府があった現在の今治市など中心となる地域から離れた島に一ノ宮が偏在しているのは、これまた、不思議と言えば不思議である。

　島にある神社ならば船で行こうと考えてみるが、しまなみ街道の開通により航路は不便になってしまった。そこをあえて、大阪から出航しているフェリーで四国の新居浜市にある東予港に渡り、さらに連絡バスに乗り継いで今治港へ行き、今治港から大山祇神社がある大三島の宮浦へのフェリーを利用する。実際に船で行ったことにより、何故海に山を祀る神社があるのか、何故伊予国一ノ宮なのか、疑問が氷解した。

　11月末のある日、西高東低、強い冬型の気圧

宮浦港からみた鷲ヶ頭山

配置になった海は、大きな波が立っており、小さな連絡船は、今治港の防波堤を出るとジェットコースターに乗っているように上へ下へと揺れ、大きな波が白い飛沫となって船室の窓ガラスに飛び散ってくる。船室の椅子にしがみつきながら、落ち着いて海を眺める余裕もないが、ふと気が付くと遥か遠方の海面には、島影か船か、冷たい気温と暖かい海水温との温度差のため蜃気楼が発生している。珍しい気象現象が発生するほど、とんでもない悪天候の日に来たものだと苦笑いしたが、大きな貨物船が行き来する来島海峡を通過し、巨大な来島海峡大橋をくぐると波がパタッと静まる。潮流の関係で潮目に入ったようであり、島影に入ったために風が収まったようでもある。その変化に驚きながらも、船室の窓には、すぐ近くに緑一色となった島が聳え立っている景色を楽しむ。二つの港を経由しながらの約1時間の船旅後、すっかり静まった海面を進む船の前方には、大三島の中央部に聳える形の良い鷲ヶ頭山と鷲ヶ頭山から続く安神山《あんじんさん》、そしてそれらの山々に抱かれた宮浦集落、その前には神社建築を模した港湾施設が見えてくる。

　百人乗りの連絡船を利用して大三島の宮浦港で下船したのは私一人、写真を撮りながら島の観光情報を得ようと港の待合室へ行ってみたが、最近は船旅をする観光客も少ないらしい。港にあった観光案内所は閉鎖され、神社横に新しく出来た道の駅に引っ越したそうだ。宮浦港から大山祇神社へ石畳で綺麗に整備された参道が真っ直ぐ続いているが、営業しているのは神社周辺だけで港周辺は完全に寂れている。

先ずは、大山祇神社を参拝し境内を散策する。国の天然記念物に指定されている大楠群が境内を取り囲んでいるが、本で読んだ印象ほど境内は大きくない。そして、源義経など歴代の著名な武士が神社に寄進したとされる宝物を展示保管している拝殿横にある国宝館などを見学する。千年以上の歴史を持ち、国宝の島と呼ばれているだけあって、宝物館には奉納された鎧や刀などの武具などが所狭しと並べられていて壮観だ。

さて、大山祇神社は、天照大神の兄神とされる大山積大神を祀っている。社伝によると、神武天皇の東征時に小千命が越智一族の氏神を祀ったとされる。また、『古事記』によると、大山積大神は皇孫ニニギノミコトに嫁ぐ木花咲也姫の父とされ、天の神と海の神との融和伝承が神話となっているが、国宝殿に展示されていた大量の古鏡群、特に百済国から伝わったとされ、斉明天皇が奉納したとされる国宝の禽獣葡萄鏡などを見ると、古代における大和朝廷にとって重要な一族の氏神だったことが想像出来る。そして、その子孫とされる越智氏、また河野氏は水軍を率いて絶対的な権力を維持し、あるいは、瀬戸内海の海賊として瀬戸内海航路を統治し、10世紀、平安時代末期の源平合戦を制し、さらには、戦国時代において活躍した村上水軍の拠点ともなった。しかし、何故山の神なのか疑問は解消されない。

大山祇神社の国宝館横を通り、神社の裏手にある安神山わくわく広場から鷲ヶ頭山山頂へハイキングコースが続いている。最初から情け容赦の無い急勾配が続くコンクリートで固められた歩道を標高２６８ｍの安神山へ一気に登っていく。海上や港など遠方から見た時、岩肌が剥き出しになった安神山は、最初はその急勾配ゆえに植物が生えていないのかと思ったが、歩道

大山祇神社の拝殿

を歩きだして、山全体に点在している黒焦げになった倒木などに気付き、大規模な山火事によって植生が失われていることがわかった。山火事後、植生復元のため幼木が植えられているようだが、木々が成長するにはまだまだ時間がかかりそうだ。しかし、木々が無いお陰で足元の集落や海などの展望はすこぶる良い。ただ、高度を上げるにつれて、吹きっさらしの尾根にはどんどん風が強く吹き付け、汗に濡れた身体に凍みる。先ほど今治港沖に吹いていた強い風が島上空にも吹いていることを実感する。

安神山山頂には、磐座らしき大きな岩と壊れかけた祠、そして、何故か石鎚神社の石碑が建っていた。そこから見える絶景は素晴らしいが、冷たい風に先を急かされるようにまだまだ高方にある鷲ヶ頭山へ向かう。

相変わらずコンクリートで固められた急勾配の歩道が山火事でほとんど木々が無くなった尾根に沿って鷲ヶ頭山まで続いている。途中、山頂まで続く林道を2回横切ると、鷲ヶ頭山頂に建っているテレビ局の中継塔がどんどんと近付いてくる。麓から1時間30分程で標高４３７ｍの山頂へ到着する。狭い山頂部には三角点や山頂標識があったが、藪が生い茂って周囲を展望出来なかった。しかし、山頂部の一角に立つ中継塔横は展望が良い。強い冬型の気圧配置であり、余り天気の良い日ではなかったが、場所を変えながら見れば、ほぼ３６０度で瀬戸内海が一望出来る。しかしである。海面はほとんど見えない。真南には来島海峡をまたぐ「しまなみ

大山祇神社

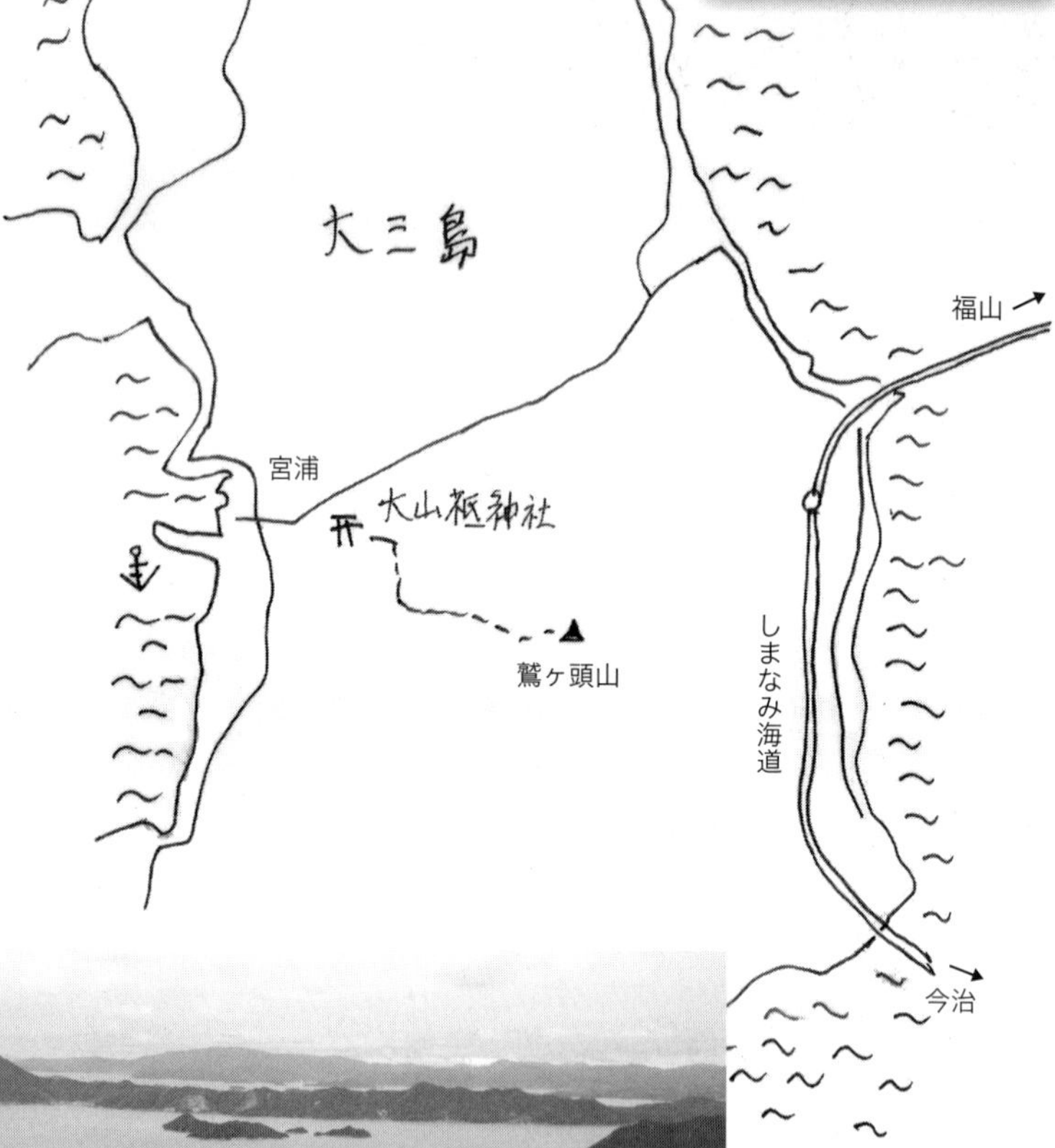

山頂から見た瀬戸内海
と宮浦の集落（右端）

街道」の橋が見えている。そして、その後方は真っ黒な雪雲に厚く覆われているが、晴れれば四国の石鎚連峰が見えるのだろう。四方を見渡しても、西も北も東も、山また山である。日本は山国、その代表的な風景と同じように見える。田畑が広がる平野や盆地の代わりに青い海がある。この展望を見て、やはり大山祇神社は山の神と納得した。つまり、芸予諸島は島ではない。芸予諸島周囲において、瀬戸内海は急峻な山々に挟まれ隘路となった海水が流れる川になっていて、島は川の周囲にある山なのだ。そういえば、セトとは狭い隘路を意味する古語と思い出した。瀬戸内海は大三島を中心とした芸予諸島が核心部とも言える。

鷲ヶ頭山山頂

そして、前述している美濃国一ノ宮の南宮大社から見た風景などを思い出した。大山祇神社がある場所は、古代において、その地に住む豪族にとって軍事上の拠点でもあったのだ。山上からは足元の狭い海峡を通過する船や船団が見渡せる。そして、荒れる瀬戸内海においても宮浦などの島影にはいつも静かな海が広がっており、もちろん、潮流によって変わる海の様子も知り尽くして、船が安全に航行出来る場所もわかっている。瀬戸内海航路を監視出来る位置として国府があった今治市より、大三島の宮浦は好都合であり重要な場所だっただろう。

大三島の中心に聳える鷲ヶ頭山は山火事被害で緑を失っているにもかかわらず、鷲ヶ頭山から眼下に見えるのは、美しい緑の島々が青い海に浮かぶ日本の代表的風景、そして、その自然が作り出した美は歴史を語る地形だったと、知的好奇心を満足した旅となった。

〈アクセス〉名古屋＝（東海道新幹線　0：52）＝大阪駅＝（地下鉄　0：30）＝大阪南港～（フェリー　7：40）～東予港＝（連絡バス　0：50）＝今治港～（高速船　1：10）～宮浦港
または、
名古屋＝（東海道新幹線　2：30）＝福山駅＝（高速バス　1：00）＝大三島BS＝（バス0：15）＝宮浦港

〈コースタイム〉
宮浦港―（0：10）―大山祇神社―（1：30）―鷲頭山　―（1：00）―大山祇神社
〔案内〕愛媛県の山（山と渓谷社）
〔地図〕木浦
〈難易度〉★★　〈霊力度〉☆☆

四国地方の一ノ宮

現在の四国地方、古代も四カ国となっており、それぞれの一ノ宮は、阿波国（徳島県）一ノ宮として鳴門市にある大麻比古神社。讃岐国（香川県）一ノ宮として高松市にある田村神社。伊予国（愛媛県）一ノ宮として今治市にある大山祇神社。土佐国（高知県）一ノ宮として高知市にある土佐神社とされているが、田村神社と土佐神社の二社を私はまだ参詣出来ずにいる

3. 九州地方の一ノ宮巡り

肥後国一ノ宮（阿蘇《あそ》神社＋阿蘇山）

日本全国にはいろいろな火山があるが、阿蘇山ほど巨大な山はない。九州横断道路で大分から熊本へ向かう途中に大観峰という景勝地がある。阿蘇山の外輪山の上にある阿蘇山中央火口丘の展望地であり、牧草地が広がるなだらかな山の上から、噴煙を上げている中岳を始めとした、根子岳、高岳、中岳、烏帽子岳、杵島岳と呼ばれる阿蘇五山を望み、その景色が、お釈迦様が寝そべってお臍でお湯を沸かしている姿に見えるとされる場所で、その阿蘇カルデラのとにかくデカイ風景に感動する。それと当時に、東西14、南北24㎞という途方もなく広大な阿蘇カルデラの中に普段から人々が平気で住んで暮らしている、あるいは、あの巨大なカルデラの中には、ごく日常的に温泉旅館など火山の恵みを受けて生活している人がたくさんいる、という事実に驚愕させられる場所でもある。もちろん巨大な火山ではあるが、火山活動は中央火口丘の中岳に集中しており、中岳火口だけが時々観光禁止になっている。

阿蘇カルデラの雄大さは、熊本から大分へ豊肥本線の列車を利用した時に、車窓に映った景色の記憶からも蘇る。すなわち、熊本から阿蘇カルデラに入る時、豊肥本線は立野駅においてスイッチバック方式で下っていく。一方、大分へ向かって阿蘇カルデラから出る時、ループ方

阿蘇神社の楼門

阿蘇神社の本殿

式で登っていき、トンネルで外輪山を貫く。

そんな阿蘇山は古代の人々にとって神としての存在だっただろう。中岳の麓、ＪＲ豊肥本線の宮地駅がある阿蘇市一ノ宮町、そこは、肥後国一ノ宮である阿蘇神社の門前街でもある。

阿蘇神社は当地豪族阿蘇氏の祖霊神とされ、日本神話上、神武天皇の孫の健磐龍命《たけいわたつのみこと》と阿蘇津比咩命《あそつひめのみこと》を祀っているとされるが、宮地の街から見上げる阿蘇山の印象は古代人の空想物語を無視したくなるほど大きい。

土産物屋が並ぶ門前街に直交して真っ直ぐ西向きに参道が通っており、参道を進み神社建築としては珍しく黒塗りの巨大な楼門を潜ると、境内には拝殿や本殿がところ狭しと並び、楼門などは国の重要文化財にも指定されている。阿蘇神社境内はそれ程大きくなく、私が行った時には参拝客でいっぱいだった。

さて、阿蘇山を極めようと考えた場合、阿蘇山の最高峰は高岳である。標高は１５９２ｍ、語呂合わせで「肥後国」と言われ、中岳火口

阿蘇神社

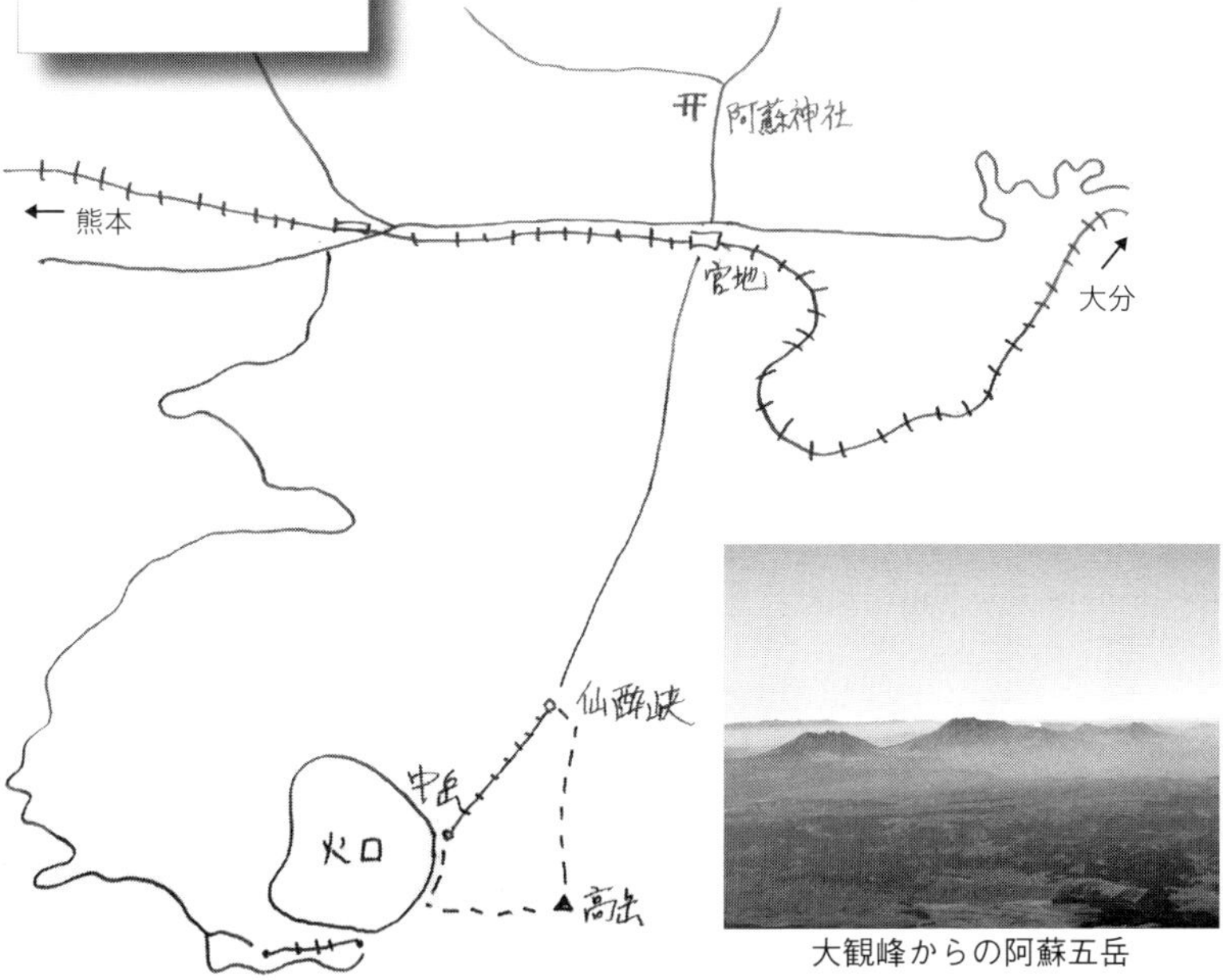

大観峰からの阿蘇五岳

の横に大きく聳えている山である。最も使われる登山道は、ミヤマキリシマの群落で有名な仙水峡から、火山性の砂礫で覆われた勾配の急な登山道をジグザグに登ると、植物がほとんど生えていない砂漠のような山頂に到達する。帰りは中岳火口を周遊するコースを経由して楽しむ。溶岩が風化した岩が散乱する広い道を高岳山頂から中岳火口へと歩き、中岳火口を西側から北側へ4分の1周すれば、仙水峡ロープーウェーの山上駅に出る。中岳火口は重要だ。中岳は最も有名な観光地であり、大きく開いた火口からもうもうと噴煙を上げている姿は人智を越えた世界、とにかく壮大だ。中岳火口は阿蘇神社の御神体でもあり、ここで実施される神事もあるそうだ。もうもうと立ち上る煙、自然の驚異を見ながら古代人に気持ちを想像するのも良い。ただ、風向きによっては、噴煙で山が見えなくなってしまうこともあるようだし、活動が活発な場合には立ち入り禁止になるようだ。活動が通常状態でも、噴煙には火山性ガスが含まれているので、火口に近づくと呼吸器が弱い人には危険らしい。

なお、中岳火口を観光するだけならば、バス、あるいは、ロープーウェーを利用すれば展望台まで簡単に行ける。

〈アクセス〉名古屋から九州へ空路、新幹線、瀬戸内海フェリー利用などがある。

阿蘇市の宮地駅へは、大分市や別府市、あるいは熊本市からJR豊肥本線、遠距離バスなどが利用出来る。

宮路駅―(徒歩　0：15)―阿蘇神社

宮路駅＝(タクシー　0：15)＝仙酔峡

〈コースタイム〉

仙酔峡登山口―(2：30)―高岳―(0：40)―中岳火口東

中岳火口東―(0：10)―火口東駅―(0：50)―仙酔峡登山口

〈案内〉多数あり

〈地図〉阿蘇山

〈難易度〉★★★　〈霊力度〉☆

阿蘇火口

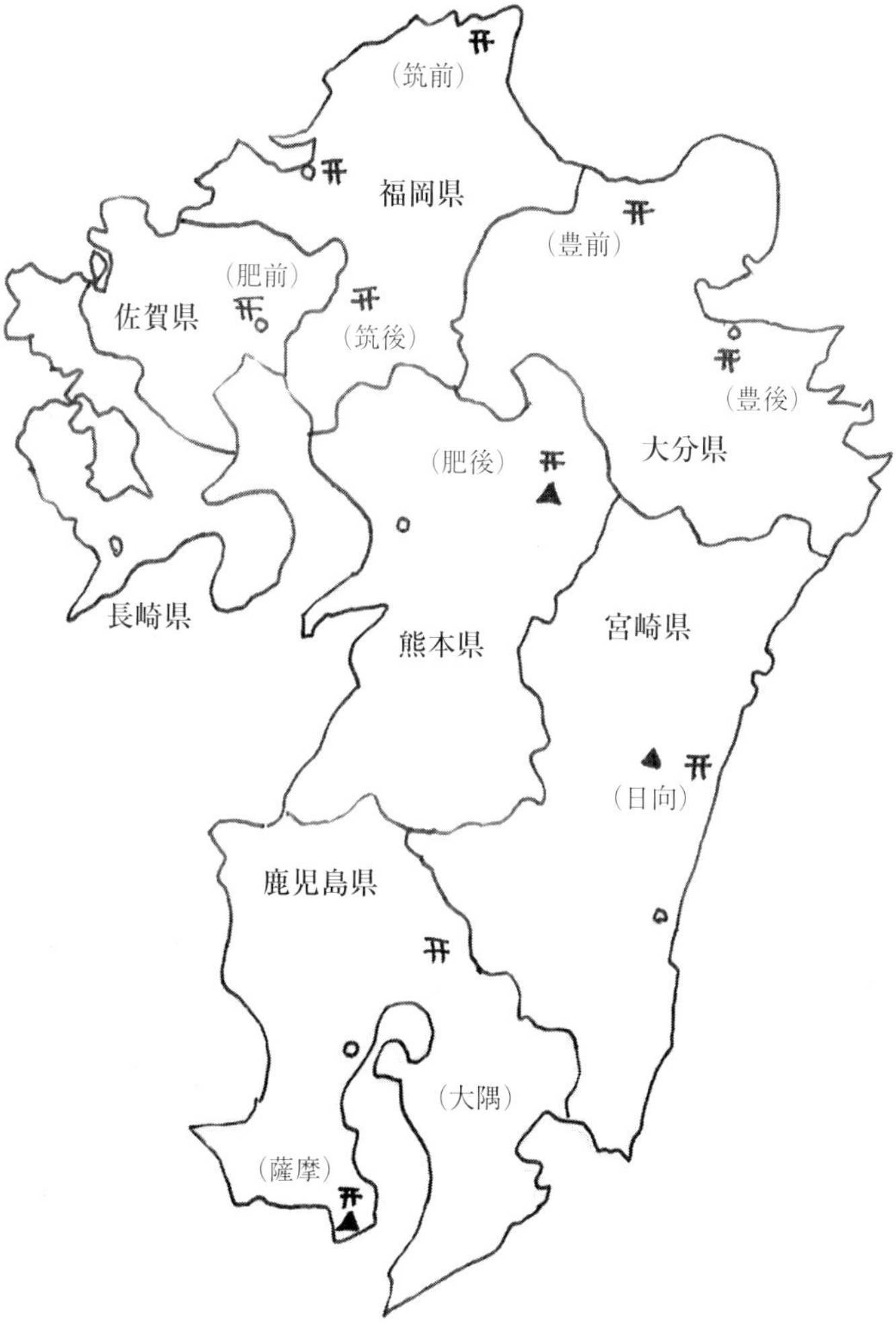

九州地方の一ノ宮巡り

九州地方の一ノ宮

九州には、古代に、筑前《ちくぜん》、筑後《ちくご》、豊前《ぶぜん》、豊後《ぶんご》、肥前《ひぜん》、肥後《ひご》、壱岐《いき》、対馬《つしま》、日向《ひゅうが》、大隈《おおくま》、薩摩《さつま》の11ヶ国があった。そして、それぞれの一ノ宮として、

筑前国一ノ宮として福岡市にある住吉《すみよし》神社、筑後国一ノ宮として福岡県久留米市にある高良《こうら》神社、豊前国一ノ宮として大分県宇佐市にある宇佐《うさ》神宮、豊後国一ノ宮として大分県大分市にある柞原《ゆすはら》八幡宮、肥前国一ノ宮として佐賀県佐賀市にある与止日女《よどひめ》神社（論社として、みやき町の千栗八幡宮《ちりくはちまんぐう》）、肥後国一ノ宮として熊本県阿蘇市にある阿蘇《あそ》神社、日向国一ノ宮として宮崎県都農《つの》町にある都農《つの》神社、大隈国一ノ宮として鹿児島県隼人《はやと》町にある鹿児島《かごしま》神宮、薩摩国一ノ宮として鹿児島県指宿《いぶすき》市にある枚聞《ひらきき》神社（論社として川内《せんだい》市の新田《にった》神社）、壱岐国一ノ宮として長崎県壱岐市にある天手長男《あめのたながお》神社、対馬国一ノ宮として長崎県対馬市にある海神《かいじん》神社とされている。

この内、御神体として崇められている山を持つと考えられる神社も、都農神社、高良神社など幾つかあるようだが確認できていない。

なお、沖縄県は江戸時代まで琉球国だったが、新一宮として那覇市にある波上宮《なみのうえぐう》が選ばれている。境内には沖縄地方の古い風習を示す聖地・御嶽《うたき》があるようだ。

薩摩国一ノ宮（枚開神社《ひらききじんじゃ》＋開聞岳《かいもんだけ》）

学生時代に登山を始め、屋久島へ山登りに行った。今でも鹿児島港から屋久島行きのフェリーが出ているが、鹿児島湾から外洋に出ると、トビウオなどが海面を飛び、波も高くなり島影も遠ざかり、短いながらも航海に出た気分になった。その時、大海原の水平線が続く先、薩摩半島の最先端に、見事に均整がとれた三角錐の山が見えていた。開聞岳である。

私が感動した風景は、きっと、日本から中国や琉球などを行き来した船乗りにとっても同じだっただろう、開聞岳は自然の燈台として、海門岳と書かれた古文書もあるそうで、有史以来、神として存在した山だっただろう、それゆえ、その麓には枚聞神社が建てられ、その御神体として崇められてきた。そして、枚聞神社は薩摩国一ノ宮でもある。

なお、古代の薩摩国国府は現在の川内市にあり、室町時代初頭には、川内市にある新田神社が薩摩国一ノ宮を主張したこともあったらしい。

さて、開聞岳は、『日本百名山』にも選定されており、屋久島へ行った帰りに開聞岳に登り、当時全国一ノ宮のことは眼中になかったが、観光ついでに枚聞神社にも参拝している。

開聞岳は、大変個性が強く、百名山に選ばれる理由が明白にある特異的な山である。開聞岳が持つ大きな個性の一つは、これまでに述べてきたように、薩摩半島最先端の海岸端に位置し、かつ、海に飛び出して聳えているという地理にある。とにかく目立つ山だ。

日本最南端を走るローカル線であるＪＲ指宿

開聞岳

枕崎線の始発列車に乗って海岸線に沿って走ってきて、夜明け頃に開聞駅で下車した。開聞駅は無人駅で、水田が広がる小さな平地の中にある駅は、一日数本の列車が去ると何もない場所だ。そして、そのすぐ南側には巨大な三角錐の開聞岳が聳えていた。周囲に他の山などがまったくない海岸沿いの独立峰であり、標高924mという大きさで堂々と聳えている姿は威圧的でさえあった。水田を通り抜けて開聞岳に向かって歩いていき、山裾の雑木林に入る。周囲は亜熱帯の風土で、高い樹木は無いが、ジャングルのような森だ。そして、山腹の東側へ続く道のすぐ横には、当時、長崎鼻のレジャー施設があったが、今は、ゴルフコースになっているようだ。

開聞岳の登山道は一本だけであり、その登り方が大変ユニークで、この山の特徴でもある。すなわち、山の北側から登りはじめ、終始、同じ道幅で同じ傾斜で同じ方向で、つまり、山の東側を登り始め、中腹は山の南側、西側を登り、山頂には北側から至る。つまり、山を一周すると山頂である。言い換えれば、それだけ見事な完璧な円錐形という山であり、駅からの所要登山時間が往復約5時間半という登山にも適度な大きさの山でもある。

山頂部は僅かに中央が窪み、かつて火山の火口だったことを物語っている。平安時代の874（貞観16）年、885（仁和元）年などに噴火したという古文書が残っているそうだ。ただ、長い年月を経て、現在は火口の中に踏み込めないほどに雑木が生い茂っている。

　山頂部の南端に最高点があり山頂標識がおかれている。周囲に高い山がないため、山頂からの眺望は抜群に良く、南側には青い大海原がどこまでも続いており、北側には延々と山村風景が続いている。

　帰りも同じ道を下るが、前述したように特有な登山道になっているため、周囲の景色展望を楽しむことができる。足元に青い海が打ち寄せる磯が見えて、岩や浜に波がぶつかる潮騒が聞こえてくる。

　下山して駅を通り越し国道も渡ると、杉などの巨木の森に囲まれた枚聞神社がある。周囲に土産物屋もないような、薩摩半島の先端という辺鄙な場所にある神社なのにとても立派と驚きながら、樹木に囲まれ厳かな雰囲気を醸し出している境内をゆっくりと散策した記憶だけが強く記憶に残っている。なお、枚聞神社の祭神、大日孁命《おおひるめむちのみこと》は天照大神の別名だそうだ。

枚聞神社

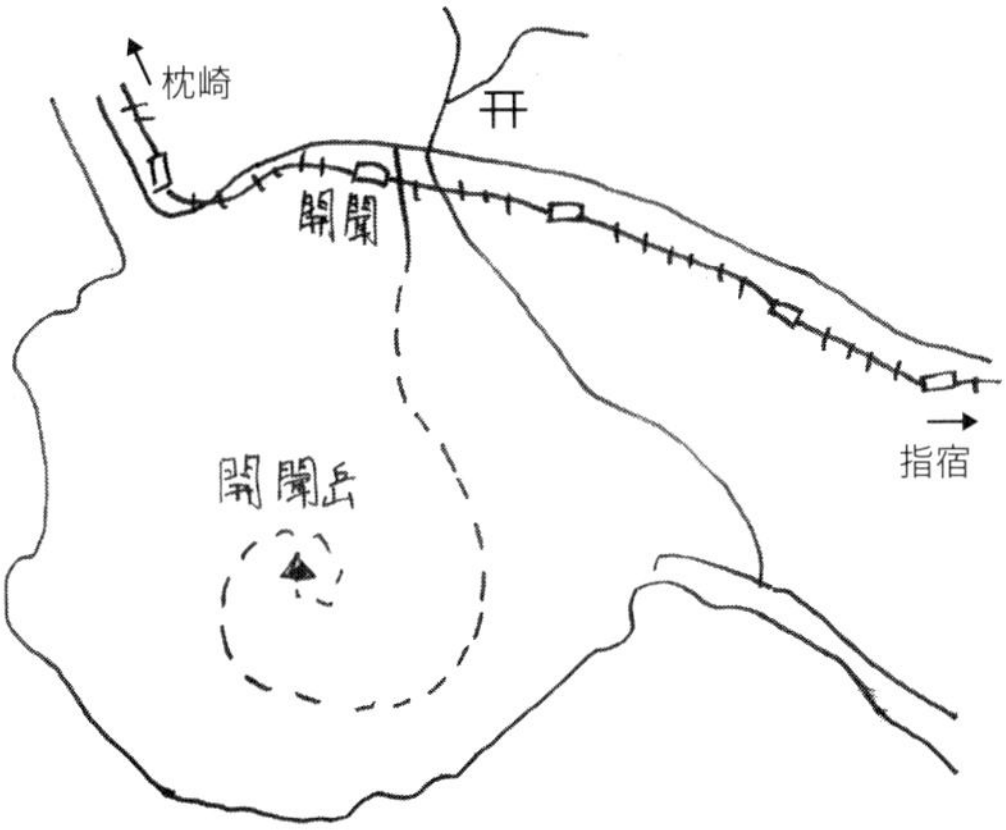

〈アクセス〉　鹿児島市へのアクセスとして、空路、ＪＲ新幹線利用がある。鹿児島中央駅＝（ＪＲ指宿枕崎線、普通1：45）＝開聞駅

〈コースタイム〉　開聞駅—（3：15）—開聞岳—（2：00）—開聞駅

〈案内〉　多数

〈地図〉　開聞岳

〈難易度〉　★★★★　　〈霊力度〉　☆☆

コラム◉

神さま人気ベスト3

日本人の意識には、「すべてのモノに神が宿る」という考えがあり、八百万神《やおよろずのかみ》と呼びならわすように、全国には様々な神さまがいる。

一方、ご利益があるとされる神さまは分霊されて各地に祀られている。では、どの神さまを祀った社が一番多いのか。言い換えれば、どの神様が人気があるのかを調べると、「稲荷《いなり》」、「八幡《はちまん》」、「天満《てんまん》」、「神明《しんめい》」、「諏訪《すわ》」、「熊野《くまの》」、「春日《かすが》」、「天王《てんのう》」、「白山《はくさん》」と続く。

この人気度から見て、ベスト3のご利益と言えば、「金力」（稲荷）、「武力」（八幡）、「知力」（天満）、まさに人間の欲望そのものと感心します。

Ⅳ　北陸・関東地方の一ノ宮巡り

1. 北陸地方の一ノ宮巡り

加賀国一ノ宮（白山比咩《しらやまひめ》神社＋白山《はくさん》）

私が住む濃尾平野から、一年に数回、移動性高気圧に日本列島が覆われた日、加賀白山が見られる。特に晩秋、岐阜県と福井県との県境に広がる奥美濃の山並みが錦秋に染められる頃、その山並みの上に、チョコンと形の良い三角形の頭を出し新雪で白く輝いている。私は、冬の金沢市に行ったことがないが、白山は豪雪地帯の北陸地方に位置するため、冬の金沢辺りから見ると、名前のように全身が真っ白な姿になるそうだ。日本国内でも、これほど完璧に白くなる山は少ないらしい。白山とは単純でわかりやすい名前であるが、世界にも、アルプスのモンブラン、ヒマラヤのダウラギリ、アフリカのキリマンジャロ、アメリカのホワイトピークなど、白い山という単純な意味で名付けられた山が多数ある。日本の白山もそれらの山々と同様、その土地の名山と言える。

また、ここで何気なく加賀白山と書いてはいるが、山頂は、加賀（石川県）、越前（福井県）、美濃（岐阜県）の県境にある。奥ノ院は山頂にあるが、加賀白山と呼ばれるのは、全国にある白山神社の総本山が、旧加賀国、現在の石川県白山市にある白山比咩神社であるという理由による。白山神社は全国に約２７００社の分霊社があり、山を御神体としている神社としては最も分霊社の数が多いそうだ。

なお、白山をはくさんと読むか、しらやまと読むか、その読みに意味があるとする学説を出している研究者もある。古代史や民俗学史上大変興味深いテーマらしい。

あるいは、この白山比咩神社は、典型的な山岳信仰の歴史を物語る神社でもある。原始的な自然崇拝から始まり、泰澄《たいちょう》という創始者によって早期に神仏習合し、分霊社の多さは平安時代以降に政治的な宗教活動を全国規模で展開してきた結果によるものらしい。しかし、室町時代に入って、新勢力であった一向宗による一揆によって宗教拠点を破壊されて沈滞化したが、戦国大名により一向一揆が鎮圧されると江戸時代に再興された。そして、明治維新における神仏分離、戦後の宗教自由化など、政治に翻弄されながら現代に至っている。よって、祭神も白山比咩、十一面観音、菊理媛尊《くくりひめのみこと》に変遷している。

白山

かつて、白山信仰の拠点巡りをしたことがある。白山には、加賀（石川）以外にも、岐阜県郡上市に長滝寺と長滝白山神社、福井県越前勝山市に平泉寺と平泉寺白山神社が今でも存在し、かつて、それぞれの拠点から山頂に向かって登拝道に相当する禅定道があった。

ちなみに、2011年に世界遺産に登録された奥州藤原氏で有名な平泉中尊寺は、越前国にあった白山信仰の拠点、平泉寺から名前が取られたそうだ。

現在、白山登山口として最も多くの登山者から利用されている市ノ瀬登山口へは、公共交通機関を利用するなら、金沢駅からバスが出ているが、最近はほとんどの登山者がマイカーで別当出合の駐車場まで来る。

市ノ瀬集落は、かつての越前禅定道の中宮に相当し、集落の中には林西寺がある。江戸時代まで白山の奥ノ院である室堂に安置され、本尊として祀られていたが、明治維新の神仏分離で廃棄されそうになった仏像がここに保存されている。国の重要文化財にも指定されている仏像なので一見する価値があり、深遠な白山信仰の真髄に少しは触れることが出来る。

標高1258mの別当出合から、砂防新道と観光新道と呼ばれる二本の登山道があるが、ほとんどの登山者が砂防新道を登っている。観光新道が古代から続く越前禅定道であるが、登山道の崩壊が進んでいるらしく、登山自粛となっていることも多い。別当出合から砂防新道を登って、広い尾根に付けられた樹林帯の中の登山道をジグザグと甚ノ助避難小屋まで黙々と登っていく。甚ノ助避難小屋の周囲には広い空き地があり、ベンチなどが置かれて良い休憩地となっている。甚ノ助避難小屋付近から、樹木の高さが低くなるので展望も良くなり、また、季節によっては、たくさんの高山植物を楽しむことが出来る。秋であれば、周囲の紅葉風景が素晴らしい場所でもある。しかし、南竜道分岐から黒ボコ岩へ勾配が大変急な登りが待っていてこのコースの正念場ともなる。黒ボコ岩の横は小さな空き地となっており、休憩している人が多い。ここから、山上に広がる草原となった弥陀ヶ原に入っていくが、晴れていれば、その後方に奥ノ院や山小屋がある室堂、そして、山頂部がすぐ近くに見渡せる。ただ、見た目にはなだらかな草原であるが、疲れてきた身体にはこ

白山比咩神社

の草原が厳しい登りに感じる。そして、最後に五葉坂の急な登りを岩にしがみ付きながら乗り越えると、室堂に到達する。

　室堂には、白山神社の奥ノ院と大きな山小屋があり、奥ノ院前にある広場ではたくさんの人が歓談している。奥ノ院には神官さんがいて、祈祷してくれたり、お守りを販売したりしている。白山登山は往復8時間半程なので、強行すれば、日帰りも可能である。しかし、室堂に宿泊して翌朝ご来迎を見るのも楽しみだ。季節によっては、奥ノ院周辺にはクロユリなど高山植物の大群落がある。珍しい高山植物を探したり、周囲の風景写真を撮ったりして、極楽気分で楽しい時間が過ごせる。

　富士山、立山、白山が日本三霊山とよく言われるが、植物のまったくない富士山ではこのような体験はありえないし、バスで頂上直下の室堂まで行かれる立山ほど観光地化も進んでいない。日本三霊山の中では白山が最も癒される山と思う。

　登山シーズンには、起床合図とし

て、白山神社の奥ノ院にある太鼓が鳴らされる。この合図で、宿泊している人のほとんどが最高峰である御前峰（標高２７０２ｍ）でご来迎を見るために夜明け前に室堂を出発する。途中振り返ると満天の星がきらめく暗闇の中、ヘッドライトの灯りが室堂から山頂まで続いている。御前峰山頂には、大きな祠が建っており、登ってきた登山者が参拝している。ご来迎の10分前には、神社の神官さんも登ってきて、山頂にある岩の一つの上に立ち、法螺貝を吹き、白山登拝によって得られるご利益について楽しく説教してくれる。この一連の演出は、ちょっとやらせっぽい気もするが、一般の人にはありがたい非日常体験であり、多くの山で見慣れた登山者のみの世界でもない。自然賛美する神官さんの話を聞くだけでも登ってきた甲斐がある気がしてくる。

そして、北アルプスの上から太陽が昇ると、一斉にカメラのシャッター音が鳴り続く。静寂な一瞬、たくさんの人と一緒に山頂で日の出を迎えると、何か良いことが起こりそうな気がしてきて、これぞ霊場白山の世界だと微笑む。

時間があれば、山頂部の周遊をおすすめする。白山山頂には、御前峰と剣ヶ峰と大汝峰の三つの峰と、その間に翠ヶ池や千蛇ヶ池などの美しい池が極楽浄土のように点在しており、夏季には全体が高山植物が咲き誇るお花畑になっている。白山は今でも高山植物が豊富な山であり、また、高山植物の初期研究がなされた場所でもある。ハクサンイチゲ、ハクサンコザクラなど、ハクサンと名前が付いた花がたくさんある。ベストシーズンには花の大群落となって咲き、日本三霊山の名に恥じない天上の極楽風景が広々と続いている。

〈アクセス〉名古屋＝（JR北陸本線　特急3：00）＝金沢駅　金沢駅＝（バス　2：10）＝別当出合

注：名古屋から金沢へは、長距離バスの利用もある。

〈コースタイム〉別当出合―（4：30）―室堂―（0：30）―御前峰

室堂―（3：10）―別当出合

〔案内〕多数あり

〔地図〕白山

注：名古屋から白山へ登るのだけが目的ならば、最もアクセスしやすい平瀬口がよく利用されている。詳細は登山案内書を参照。

〈難易度〉★★★★　〈霊力度〉☆☆☆

尾張から遠望する加賀白山

ハクサンコザクラ

白山の室堂にある奥ノ院

北陸地方の一ノ宮

現在の北陸地方には、古代ヤマト政権成立以前には越《こし》ノ国があったが、その後、若狭《わかさ》、越前《えちぜん》、加賀《かが》、能登《のと》、越中《えっちゅう》、越後《えちご》、佐渡《さど》に分けられたようだ。

そして、各国の一ノ宮は、若狭国（福井県）一ノ宮として小浜市にある若狭彦《わかさひこ》神社、越前国（福井県）一ノ宮として敦賀《つるが》市にある気比《けひ》神宮、加賀国（石川県）一ノ宮として白山《はくさん》市にある白《はく》山比咩《さんひめ》神社、能登国（石川県）一ノ宮として羽《は》咋《くい》市にある気多《けた》大社、越中国（富山県）一ノ宮として立山《たてやま》町にある雄山《おやま》神社（論社として高岡《たかおか》市にある気多《けた》神社、南砺《なんと》市にある高瀬《たかせ》神社、高岡市にある射水《いみず》神社）、越後国（新潟県）一ノ宮として弥彦《やひこ》町にある弥彦《やひこ》神社（論社として上越《じょうえつ》市にある居多《こた》神社）、佐渡国（新潟県）一ノ宮として佐渡市にある度津《わたつ》神社とされている。この内、若狭彦神社、気比神宮、気多大社、気多神社、居多神社、度津神社は海岸部にあり、海を御神体とした性格の神社と思われる。北陸地方の一ノ宮が海岸線にある傾向は、山を御神体とする神社が多い東海地方とは対照的であり、大陸から文化が輸入されてきた古代日本においては日本海側が表日本であり、日本海こそ文化の源、神が到着する場所だったという歴史を感じる。

なお、白山比咩神社の他に雄山神社と弥彦神社が山を御神体とする神社と考えられるので、別項で紹介していく。

越中国一ノ宮（雄山《おやま》神社 ＋立山《たてやま》）

２００９年、『劔岳・点の記』という映画が話題になった。１９０７（明治40）年にあった史実を１９７７（昭和52）年に山岳小説家の新田次郎氏が原作となった小説を発表し、劔岳登頂百周年に合わせて数年がかりで撮影され映画化された。

１９０７（明治40）年、日本陸軍は全国の地図を作成する事業を進めており、柴崎測量士は前人未踏とされた劔岳へ登頂し山頂での測量に挑戦した。命までもかけた困難な登攀の末、測量隊が頂きに立った時、劔岳山頂には、奈良時代の修験僧が使った焚き火の跡と錫杖の頭、槍の穂先が残されていた、というのが史実である。もちろん測量も成功して、現在の日本地図は彼らの偉業によってその原型図が作製されている。

なお、劔岳の標高は、劔岳登頂百周年を記念し、現代技術を駆使して測量し直され、２９９９ｍとされた。また、小説タイトルの『点の記』とは、測量した時の『三角点設置記録』のことを言い、国土交通省国土地理院に保管されている。

一方、小説や映画では、当時は日本の知識階級が近代登山に興味を持ち始めた時代で、日本山岳会の初期メンバーだった小島烏水他のグループが測量隊に対抗して当時の最新登山技術を駆使し、劔岳登頂に挑戦していた（史実にはない）。そして、測量隊が登頂した時、世間はその快挙を賞賛しなかったが、評価してくれたのは、ライバルだった山岳会のグループだった、という人間ドラマに脚色されている。

初めて新田次郎の小説『劔岳・点の記』を読

剱岳

残っていて、わざわざ富山県の立山山麓にある資料館まで行き、山頂で発見され、現在は国の重要文化財に指定されている錫杖を見に行った。
　剱岳はかつて立山信仰で使われていた『立山曼荼羅』の中に描かれている地獄の針の山と考えられている。『立山曼荼羅』には他にも、現在の立山にある地獄谷が火山活動する様子を地獄絵として、また、現在の玉殿の岩屋に聖人らしき人が居たり、雄山周辺には釈迦如来が錦雲に乗って飛来しているようにも描かれている。『立山曼荼羅』に描かれている世界を意識しながら立山登山するのも面白い。ただし、「剱岳」は深田久弥氏の『日本百名山』の百座の中で最も難易度が高い山でもあり、不幸なことに毎年死亡事故も発生している。
　このように、立山は古代から霊山として人々に知られており、平安時代に書かれた『今昔物語』には「日本の人、罪を作りて多くこの立山

んだ時、脚色された人間ドラマもそれなりに感動したが、山頂から古代の遺物が発見されたという史実に強い感銘を受けた。その「現実は小説よりも奇なり」という印象が長年頭の片隅に

雄山山頂

雄山神社

の地獄に堕つ」とも書かれているし、江戸時代には、越中富山の薬売りがとして、全国を薬の訪問販売しながら立山信仰を広めていたそうだ。

今でも富山地方には立山信仰は続いており、富山地方の小学生たちは、夏の学校行事として、成長の証として立山登頂を目指しているようだ。とはいえ、黒部立山アルペンルートを使えば、富山市から雄山神社へ日帰りで登れる。つまり、富山市から富山地方鉄道で立山駅まで行き、ケーブルカー、専用バスを乗り継いで、登山基地となる室堂まで歩かずに至る。もちろん、古代からの登拝道も復元されており、数日かかって参拝することも出来る。

話がくどくなったが、現在の立山登山は室堂から始まる。バスを降りて、石畳状となった道幅の広い観光用の散策路を進む。自然を手軽に楽しめる観光地として一般旅行客で賑わっているが、周囲はアルプス一万尺の別天地であり、季節であれば、高山植物が咲き誇っている。また、立山信仰の歴史を今に伝える「室堂」という山岳宿泊施設が国の重要文化財として復元公開されているし、玉殿の岩屋などの史跡もある。一方、室堂から北西方向に散策していくと、ミクリガ池など美しい火山湖があったり、地獄谷と呼ばれる噴煙や温泉が湧き出す火山活動が活発な場所があったりする。多様な散策が出来ることは、今も昔も立山の魅力である。

さて、雄山神社へ参拝するため、一ノ越まで続いている緩やかな勾配の石畳道を行き、北アルプスの主尾根上にある一ノ越に至れば、反対側に、黒部湖を見下ろし、その背後には後立山連峰と呼ばれる北アルプスの白馬岳《しろうま》などが屏風のように見える。

一ノ越から立山山頂まで、大小の岩がゴロゴロした尾根道を急な勾配で登っていくと、雄山（3003m）の山頂に雄山神社の峰本宮がある。社務所で登拝料を支払い、鳥居をくぐって岩を組んで平らにした山頂に入ると、神官が御祓いをしてくれてお守りを頂ける。

さて、立山という名の山はなく、立山連峰の最高峰は、雄山からさらに先にある大汝山《おおなんじ》（3015m）である。立山へ来た多くの登山者は大汝山へも向かい、さらに富士ノ折立《ふじのおりたて》山、別《べっ》山乗越《さんのっこし》まで歩いて周回コースを巡る人も多い。このコースは尾根道を歩くため展望は大変良く、国の天然記念物である雷鳥が最も生息している山域でもあり、登山中、特に秋季には会うことも多い。

ところで、普通、山岳信仰の神社は、山の麓にある里宮が本宮とされ山頂に奥宮がある場合が多いが、雄山神社の場合には雄山山頂にある峰本宮が本宮で、里宮とされる麓の岩峅寺集落にある雄山神社は前立社壇《まえたてしゃだん》と呼ばれる。一年間祀られている里宮は、富山地方鉄道の立山駅よりも手前にあるので、素通りしてしまうことが多いが、隣接して博物館などもあり、歴史豊かな霊山を知るためには一度はゆっくりと訪れる価値はある。

最後に蛇足となるが、越中国（富山県）は一ノ宮を探訪する上で、議論が尽きない国（県）である。立山町にある雄山神社以外にも、高岡市にある気多神社、南砺市にある高瀬神社、高岡市にある射水神社が論社とされているが、どれが一ノ宮と決定付ける資料は無いらしい。

古代において越ノ国が越前、越中、越後に分割された歴史、越ノ国の中心神社が現在の石川県にある気多大社だった歴史、さらには、古代に越中国の国府が現在の高岡市にあり、江戸時代の高岡に加賀藩の支藩であった高岡城があった歴史などが複雑に関わっているらしい。

〈アクセス〉名古屋＝（ＪＲ北陸本線　特急３：40）＝富山駅＝（富山地方鉄道　普通１：05）＝立山駅＝（ケーブルカー　０：07）＝美女平＝（専用バス　０：50）＝室堂

注：名古屋から富山へは、高速バスなどの利用もある。

〈コースタイム〉室堂―（１：10）―一ノ越―（１：10）―雄山神社―（０：25）―大汝山―（０：25）―雄山神社―（０：45）―一ノ越―（０：55）―室堂

〔案内〕多数

〔地図〕立山

〈難易度〉★★★★　〈霊力度〉☆☆☆

越後国一ノ宮（弥彦《やひこ》神社＋弥彦山）

　同じ中部地方でも太平洋側と日本海側とでは風土も文化も違う。その根本的な地理的要因として、太平洋側には、海は南側や東側にあることが多いのに対し、日本海側には、海が北側や西側にある。いつだったか、関越自動車道を新潟市へ向かって走っている時に妙な感覚になった。新潟市方向、すなわち北には、真っ平らな平野が続いていた。そして、まもなく海岸部に近いと思う頃、えっ、あれは何処の山、と思える山が見え、近づくにつれてとても巨大になってきた。それが弥彦山だった。弥彦山は、新潟平野の片隅に日本海沿いに聳える孤峰で、すぐ近くまで来ると大きく見える。それゆえ、古代から当地の住民にとっては、信仰の対象になっただろうと思う。

　弥彦山へ行くには、公共交通機関としていろいろあるが、JR弥彦線を利用するとまた違った旅の趣がある。新潟駅から越後線に乗って吉田駅で弥彦線に乗り換える。あるいは、東三条駅から弥彦線に乗って吉田駅で乗り換える。そして、短い弥彦線で二駅目が終点の弥彦駅である。この弥彦線というローカル列車がとても良い。一面に広大な水田が広がる新潟平野の穀倉地帯をコトコト走って、ぐんぐんと大きくなる弥彦山を見ながら終着駅に降り立つ。

　駅を降りると、小さな門前街が神社まで続いている。門前街といっても新潟の穀倉地帯に突然現れたかのような弥彦山の麓にある、とても鄙びた小さな集落で、周囲には巨木が立ち並び、既に神社の境内に入ったかのような雰囲気で、

弥彦神社

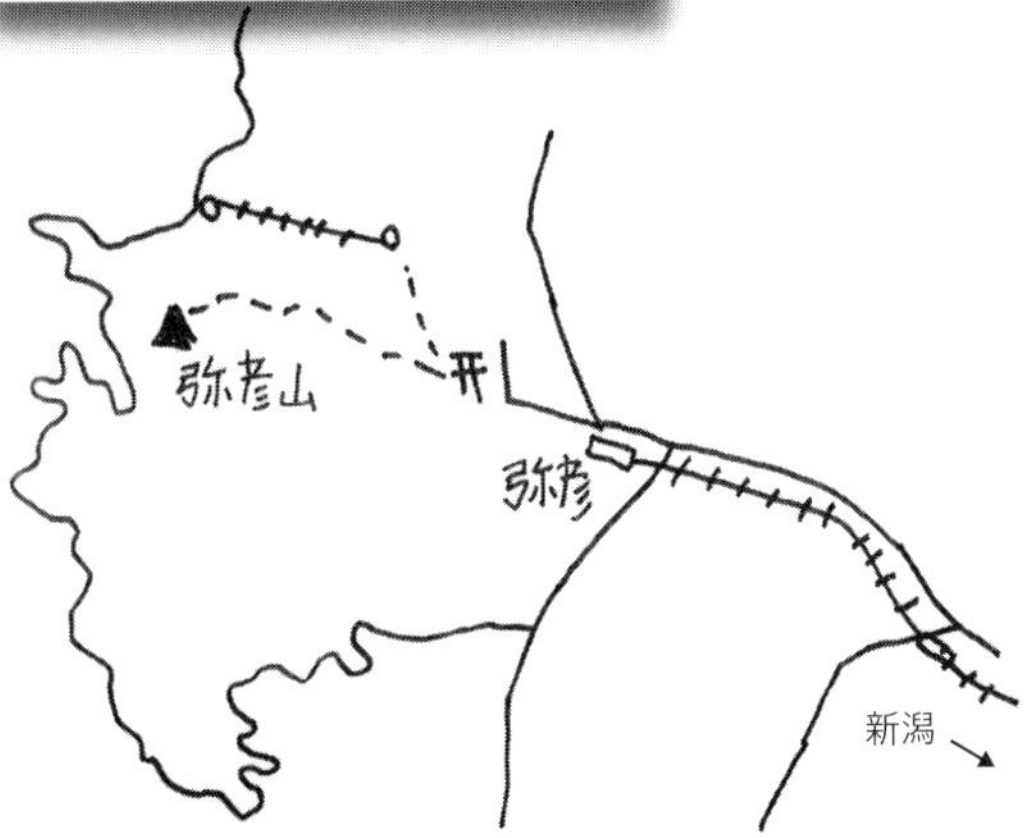

弥彦山山麓の一角に数軒の土産物屋などが密集している。鳥居を潜ってそのまま、巨木が茂り玉砂利が敷かれた壮大な神社に参拝する。

　弥彦山山頂へは、神社の裏手に進んだ谷間から一気にロープウェーで登ることも出来るが、神社の境内横から山頂へ登る道もある。

　さて、弥彦山は、平野部にある神社の御神体になっている山だからそれほど厳しくない、と先入観を持って登りに行くと酷い目に合う。意外に高い山で、海岸から標高６３８ｍという標高で聳え立っているので、本格的な山登りする覚悟で登った方が良い。もちろん、白山などのような本格的な登山道に較べると、道幅も広く、傾斜も緩やかで整備されているが、山頂までは距離がある。

弥彦神社

　しかし、私が登った日は終日あいにくの霧雨が服を濡らす天候であったが、山頂部

山中に咲くイカリソウ

が近づいてくると、足元にカタクリなどの春の花々がいっせいに咲き始めていて、登山の辛さを忘れさせてくれた。新潟地方の春は、雪解けを待ち望んでいるため、里山にも野草が綺麗に一斉に咲き誇る。また、霧のためにはっきりわからなかったが、全山は深い森となっているが、山腹部から山頂部は潅木帯となってきて周囲が明るくなってくる。

濃霧でよくわからなかったが、山頂部には通信施設などが建っているようで、いろいろな鉄筋コンクリートの建物が並んでおり、それに沿って未舗装の林道が通っていた。そして、林道の終点まで行くと、弥彦神社の奥宮があり、山頂の一角が鉄柵で囲まれて平坦に整備されている中に磐座があった。弥彦神社に祀られている天香山命《あめのかごやまのみこと》と熟穂屋姫命《うましはやひめのみこと》の墓とされる古墳とも言われ、その横には望遠鏡や展望盤などが置かれている展望台になっているが、濃い霧のため景色は見えなかった。

古代、弥彦神社では、雨乞い神事をしていたという記録がある。遠方へ旅行する時に天気が悪いと大変悔しい。行く前に晴れ乞いをすべきだったが、雨の登山も旅の思い出としよう。

さて、越後国の古代国府は現在の上越市にあり、国府跡近くにある居多神社が越後国一ノ宮という説がある。現在の上越市は、古代から栄えた港街であり、国府だった直江津と、上杉謙信の時代以後に城下町として栄えた高田が合併した街であり、居多神社は、越後国を統一した上杉謙信が居住した春日山城址にも近い。ただ、上杉謙信の死後に発生した後継者争い「御館の乱」によって、居多神社も戦乱に巻き込まれて焼失したそうだ。居多神社は、JR直江津駅から西へ3km程に位置する、直江津の町並み外れにあり、周囲は五智公園という歴史公園となっている。一ノ宮としては、とても小さな神社であるが、戦国武将・上杉謙信ファンなら、春日山城址見学ついでに寄ることも出来よう。

居多神社

〈アクセス〉名古屋＝(バス　6：35)＝新潟駅

注：名古屋からは、夜行バス以外にも長距離バスあり

また、空路、JR利用もある

新潟駅＝(JR越後・弥彦線　普通1：10)＝弥彦駅

注：新潟からバス路線もあり

〈コースタイム〉弥彦駅―(1：30)―弥彦山

〈案内〉新潟の山(山と渓谷社)

〈地図〉弥彦

〈難易度〉★★★　〈霊力度〉☆

2. 関東地方の一ノ宮巡り

下野国一ノ宮（二荒山《ふたらさん》神社＋日光男体山《にっこうなんたいさん》）

天候に恵まれた日に東京から東北新幹線に乗った時、栃木県小山市周辺から見える景色に感動したことがある。南側の車窓には朝日に染まる広大な関東平野の中に筑波山がポツンと聳え、北側の車窓には朝日を受けた日光連山が屏風絵のように並んでいた。そして、その中に日光連山の盟主、男体山が黒々とした整った台形の山容を見せていた。

現代よりも空気が澄んでいた江戸時代には、江戸城、現在の東京都心からも見えたのだろう。江戸時代初頭、徳川家康の墓所として孫の徳川家光は、江戸城から鬼門方向にある男体山麓の日光に東照宮を建てた。男体山は、関東平野において、富士山、筑波山などと共に古代から崇められた山だっただろう。東京を中心とした現在の関東地方、そのほとんどが日本一の面積で広がる関東平野上にあるが、同じ平野といっても濃尾平野とは幾分事情が違う。東北地方の福島県や北陸地方の新潟県との境には、険しい山々が連なっており、深田久弥氏が『日本百名山』に選んだような名山が数多くあることは知っているが、古代の人々にとって霊山として祀るには懐が深すぎたようだ。

現代の日光は、世界遺産にも登録されている世界的な観光地のため、いつもたくさんの観光客で溢れている。東京都心から東武鉄道やＪＲ

中禅寺湖と男体山

日光線を利用して日光駅で下車する。観光客と一緒になって土産物屋が続く参道を歩いて日光連山の麓に続く深い森の中に鎮座する東照宮、そして、隣接する輪王寺、二荒山神社などを詣でる。この内、二荒山神社は山麓の一番奥に位置している。このため、東照宮と較べて参拝者は少なくなり、日光の中で比較的静かな穴場的場所となっている。深い森に包まれた国の重要文化財に指定された本殿は、まだまだ霊気に満ちた雰囲気が残っている。

二荒山神社は、古代の奈良時代に成立し、中世には天台系修験道の中心地だったようだが戦国時代には衰退していたようだ。しかし、江戸時代初期に徳川家康の援助を受けた天海僧正によって再興され、さらに、現代は世界遺産にも登録され、わざわざここで紹介する必要もないだろう。また、江戸時代末までは神仏習合していたので神社仏閣が混在しているのが普通の姿だったが、現代でも日光では敷地に気付かなければ神社と寺院が共存している。

二荒山神社の御神体である男体山へ登るには、日光駅からバスで湖畔まで行くと中禅寺湖畔に中宮祠がある。そこに参拝して登山手続きをし、入山料を払い境内裏にある登拝門を潜る。男体山の登山期間は5月5日から10月25日まで、冬季は入山禁止。登山受付は午前6時から正午までだそうだ。

登山するのに有料の山はそれ程多くないが、そのほとんどが信仰を目的とし、山頂部に神社

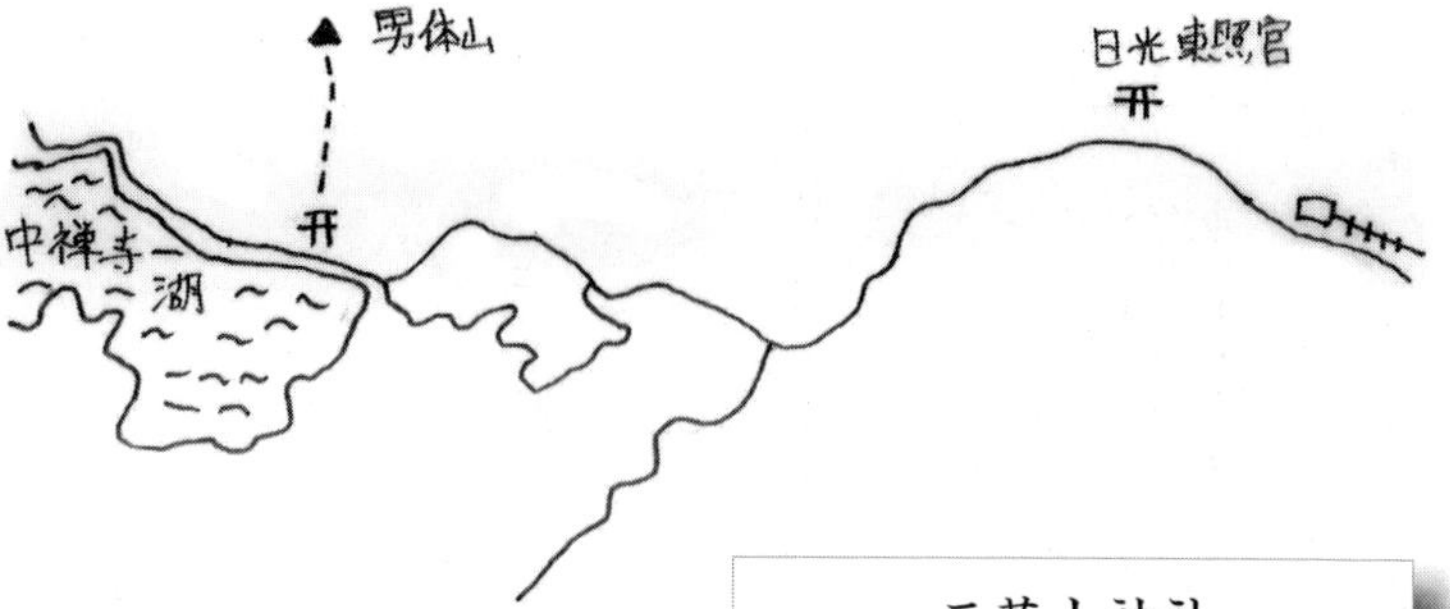

二荒山神社

が立つ立山、月山などがある。若い頃は、山頂に人工的な建物があると達成感が薄れ、宗教色が強い山は好きではなかった。それこそ、ケチな考えになり山頂を踏まなければ料金を払わなくても良い、と思った時もあった。男体山も登山が困難な冬季、また、山の裏側から登れば、入山料は払わずに済む。しかし、人間年齢を重ねると、中宮祠で入山料を払ってお守りの御札などをいただくと、良いお守りがもらえた、良い登山記念が出来て得をしたという気持ちになる。いやいや、最近はさらに気持ちが穏やかになり、登らせていただけ、気分が爽快になるなら、ありがたいと思える年齢になってきた。

さて、男体山の登山はキツイ。２４８６ｍという標高は関東周辺では貴重な高さである。そして、登らなければならない標高差は１２００ｍ、所要登山時間は往復7時間程かかる。神社の境内裏にある登拝門を通り、最初は勾配がゆるやかな林の中を登っていくが、だんだんと勾配がきつくなる。

三合目辺りから勾配が急になり、黒々と生茂った針葉樹に覆われて視界がほとんどない山腹、火山性の脆い岩が崩壊して、登山道上にごろごろと転がっていて歩きにくい。そんな道を延々とジグザグジグザグと山頂まで、登り一辺倒で単調に登っていく。登頂をあきらめたいほど嫌になった頃、周囲の樹木の背が低くなって展望が広がり、登山道の傾斜が緩くなってきて八合目に達し、山頂部は近い気がしてくる。そして、最後に足元に広がってきた中禅寺湖の景色に励まされながら、火山砂で崩れ易くなった道をもうひと頑張りすれば、前方に山頂の奥ノ院が見えてくる。

山頂は、ほどよく広い空き地になっていて、その一角に奥ノ院の小さな祠などが建っている。山頂からの展望はとても優れており、登頂した達成感も大きい。足元には中禅寺湖とその周辺の景色が、さらには北関東の山地と村々が見渡せる。一方、山の裏側には、緑に覆われてはいるが火口の跡らしい円形の地形起伏があり、その周囲には女峰山など日光連山が続いている。

平安時代に真言宗を開いた空海が書いた『性霊集』という古文書に、日光男体山は782（天応2）年、勝道上人によって開山されたと克明に記録されている。また、日光という語源は、梵語で観音様の浄土である光明山を意味する「補陀洛山」が「二荒山」と書かれるようになり、後に「二荒」を「にっこう」と読んで、「日光」と記述されるようになったことは良く知られている。山頂から見られる雄大な景色を見ていると、キツイ登山を成し遂げた達成感で観音浄土に着いたような気分になる。

ところで、宇都宮市の中心部にも二荒山神社があり、どちらが下野国一ノ宮か論議されている。宇都宮市の二荒山神社は男体山の遥拝所であり、日光市の二荒山神社が本宮と考える説には説得力がある。宇都宮市は東京から日光市へ行く途中にあるので、寄り道して宇都宮市内にある二荒山神社へ参詣しても良い。

〈アクセス〉名古屋＝（ＪＲ東海道新幹線　のぞみ1：45）＝東京駅
浅草駅＝（東武鉄道　特急2：00）＝日光駅
日光駅＝（東武鉄道バス　0：40）＝中禅寺湖
注：東京から日光へは、ＪＲ東北・日光線、長距離バス路線などの利用もある。

〈コースタイム〉日光駅—（0：20）—二荒山神社
中禅寺湖—（4：10）—男体山—（2：45）—中禅寺湖
〔案内〕多数
〔地図〕中禅寺湖、男体山
〈難易度〉★★★★　〈霊力度〉☆

関東地方の一ノ宮

関東地方には、相模《さがみ》、武蔵《むさし》、上総《かずさ》、下総《しもふさ》、安房《あわ》、常陸《ひたち》、上野《こうずけ》、下野《しもつけ》の8ヶ国があった。なるほど、関八州と言う。そして、それぞれの国の一ノ宮は、相模国（神奈川県）一ノ宮として寒川《さむかわ》町にある寒川《さむかわ》神社、武蔵国（東京都、埼玉県）一ノ宮としてさいたま市にある氷川《ひかわ》神社（論社として多摩市にある小野《おの》神社）、上総国（千葉県）一ノ宮として一宮町にある玉前《たまさき》神社、下総国（千葉県）一ノ宮として佐原《さはら》市にある香取《かとり》神社、安房国（千葉県）一ノ宮として館山《たてやま》市にある安房《あわ》神社、常陸国（茨城県）一ノ宮として鹿島《かしま》市にある鹿島《かしま》神社、上野国（群馬県）一ノ宮として富岡《とみおか》市にある貫前《ぬきさき》神社、下野国（栃木県）一ノ宮として日光《にっこう》市にある二荒山《ふたらさん》神社、（論社として

関東地方の一ノ宮巡り

宇都宮市にある二荒山《ふたあらさん》神社）とされている。

また、全国にある一ノ宮の神社が組織した全国一ノ宮会が、一ノ宮がない地方に、いくつかの代表的な神社を新一宮として選んだ。その一つに、知々《ちち》夫《ぶ》国（秩父国）一ノ宮で、現在の埼玉県秩父市にある秩父《ちちぶ》神社が入っている。秩父神社の御神体は、武甲《ぶこう》山とされている。

これらの一ノ宮、下野国の二荒山神社を除くと、山を御神体として崇めている神社は無い。実際に現地へ行って全ての神社に参拝したが、東京というメトロポリス周辺にあるがゆえに、関東平野一帯も無秩序な都市化の波が進み、鎮守の森が少なくなり、多くの神社へ行っても癒される霊気が得られな

鹿島神宮の鳥居

鹿島神宮境内にある要石

かった。

　ところで、「青春18切符」というＪＲが期間限定で発売しているフリー切符がある。関東地方にある一ノ宮は、交通便が良い場所にあることが多いため、「青春18切符」を利用すると、手軽で安上がりな旅行ゲームが出来る。この切符は使用に年齢制限はなく、学生さんが休みとなる春季、夏季、冬季に使用でき、一日ＪＲ全線、普通列車（快速列車も含む）乗り放題で5回使用で１２０００円、１回あたり２４００円に相当する。利用方法次第で大変お得になり、２０１２年現在の普通運賃として、ＪＲ線を片道で１４１km以上、往復で71km以上利用すれば元は取れる。

　全国の主要本屋さんに『時刻表』という数字だらけの本が売られている。パソコンが普及した現在、一般の人には、時代遅れの産物とも言えるが、「青春18切符」を使用して、時刻表を見ながら関東地方の一ノ宮をなるべく短時間に巡った。

　その中で、一番印象が残った神社は、常陸国（茨城県）一ノ宮である鹿島神宮である。サッカーチームの鹿島アントラーズで有名な街だが、霞ヶ浦を望む小高い丘にあり、周囲を広々とした田園風景に囲まれ、その広い境内に鬱蒼とした鎮守の森が広がっている。参拝して境内を散策するだけでもその深い緑に癒される。関東平野の中でも貴重な霊域だと思う。その森の中に本殿や社務所が建っている。特に境内の一角に「要石《かなめいし》」と呼ばれる祠があり、全国的にも珍しい地震の神様だ。

また、現在の東京都と埼玉県に相当する地域にある武蔵国一ノ宮の歴史は興味深い。現在の武蔵国一ノ宮は氷川神社であるが、鎌倉、室町時代に国内での地位を逆転させた神社らしい。氷川神社も『延喜式』に名神大社とされるが、古文書などから推定されている通説は、現在の多摩市にある小野神社が古代においては神階が上で、武蔵国の筆頭神社だったとされている。

上野国一ノ宮（貫前《ぬきさき》神社、その他）

天候に恵まれた日に、関越自動車道路で高崎市辺りを走った時、眼下に広い利根川の流れがあり、越後国（新潟県）への道を監視する番兵のように巨大な山が聳えているのが見られる。東側に望まれる山が赤城《あかぎ》山であり、西側が榛名《はるな》山である。そして、高崎市で分岐して信越自動車道路に入り、信濃国（長野県）との県境にある碓《うす》井《い》峠に向かって上っていくと、これまた、障壁となるような岩だらけで強烈な個性を持つ山容の山が待ち構えている。こちらは妙義《みょうぎ》山である。赤城山、榛名山、妙義山を総称して上毛三山と呼んでいる。貫前神社へ行くには妙義山の手前にある上信越自動車道路の富岡インターチェンジで下車する。関東平野末端の丘陵地に上野国一ノ宮である貫前神社がある。公共交通機関を利用するなら、ＪＲ高崎駅で上信電鉄に乗り換え、上州一ノ宮駅で下車すると貫前神社に程近い門前街に出られる。

貫前神社の祭神は、経津主神《ふつぬしのかみ》と比売大神《ひめおおかみ》とされ、神社の周囲には古墳も多い。

貫前神社は、ユニークな地形となっていることで知られている。山々で囲まれた富岡市の郊外にある丘陵地にあり、駅前の門前街から緩い勾配の坂を上っていくと、途中に朱塗りの大鳥居があり、さらに石段を登って総門と呼ばれる門を潜ると、普通の場合とは逆に門の中で長い石段が下っていく。いわば、窪地となった場所に神社が鎮座している。緑豊かな樹木が点在する境内の中には、色も鮮やかな朱塗りの本殿や拝殿が所狭しと並んでいる。

ところで、貫前神社という神社はまったく別の興味から知った。江戸時代初期に円空という僧がいる。円空はある仏像を貫前神社に奉納していた。その仏像は明治維新の神仏分離令により貫前神社から廃棄され、現在は埼玉県の寺院にあるそうだが、その仏像には重要な銘が書かれており、その文字から、それまで不明だった円空の出生年や円空の関東での足跡が解きほぐされたそうだ。

さて、現在の群馬県、古代の上野国は、一ノ宮から九ノ宮までの記録が残されている全国でも珍しい国である。参考までに、一ノ宮から九ノ宮は、

一宮　富岡市の貫前神社
二宮　前橋市の赤城神社
三宮　北群馬郡伊香保町の伊香保神社
四宮　渋川市の甲波宿禰《かはすくね》神社
五宮　渋川市の若伊香保神社
六宮　群馬郡榛名町の榛名神社

赤城神社

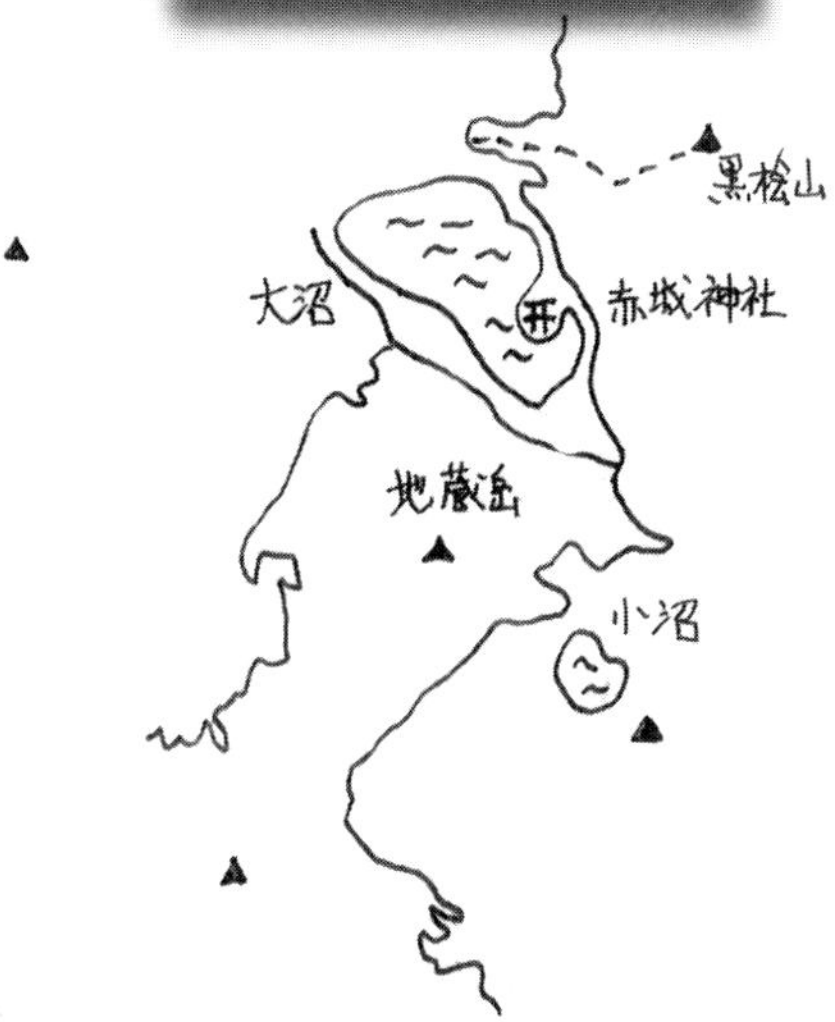

七宮　高崎市の小祝《おぼり》神社
八宮　佐波郡玉村町の火雷神社
九宮　伊勢崎市の倭文《しどり》神社

この内、『延喜式』に大社として記載されているのは三社で、一ノ宮とされる貫前神社、二ノ宮とされる赤城神社、三ノ宮とされる伊香保神社である。

二ノ宮に当たる赤城神社は現在前橋市内にあり、赤城神社の里宮に相当しているが、御神体として赤城山中にある大沼小沼を祀る神社で、沼の畔に赤城神社の奥宮がある。赤城山は北関東で特に目立つ山であり、深田久弥氏の『日本百名山』にも選ばれている。現在は山頂部まで観光地化が進み、山中の大沼《おの》まで車で簡単に行くことが出来、大沼に突き出た小鳥ヶ島という場所に奥宮がある。山中にあるとは思えない立派な神社だ。そして、大沼周辺を基点にして、小沼《この》、地蔵岳、外輪山の一角にある赤城山塊の最高峰である黒檜《くろび》岳などへ足を伸ばせば、一日ハイキングを楽しむことが出来る。

一方、伊香保と言えば温泉名としての方が有名になっている。伊香保温泉は群馬県を代表する温泉地であり、『湖畔の宿』として歌に歌われ、文学の舞台にもなり、また歓楽地としても有名

伊香保神社

ミズバショウ

である。しかし、古代からの歴史を持つ地域であり、上野国三ノ宮に当たる伊香保神社は、榛名山麓にあたる現在の吉岡村にあり伊香保神社の里宮に相当している。伊香保神社は榛名山の一角にある水沢山（厳峰）を御神体とする神社で、榛名山中にある温泉街に奥宮がある。ここで、この御神体とされる水沢山について一筆加えなければならない。

　これまで、赤城山、榛名山と簡単に書いてきたが、赤城山も榛名山も、高崎市などの平地から見れば、一つの大きな山塊であるが、赤城山、榛名山という名前で呼ばれる山頂はなく、いわば、赤城山塊、榛名山塊というべき大きな火山の総称である。よって、赤城山塊に行っても赤城山は無いし、榛名山塊に行っても榛名山は無い。榛名山の場合、最高峰は外輪山の西端にある掃部《かもん》ヶ岳《がたけ》であり、中央火口丘には榛名富士がある。

さて円空について調べた時、円空が彫った仏像が、水沢観音という山麓にある寺院に残されていることを知り､見に行った。そして、榛名山に登ろうと考えた時、一般的なガイドブックには、最高峰の掃部ヶ岳（1449m）と榛名富士（1391m）が紹介されている。榛名山へ行った時にはその二座に登り、上総国六ノ宮に該当する榛名神社に寄った。しかし、掃部ヶ岳の山頂に立った時、外輪山の一角に巨大なドームのような、もっこりと盛り上がった峰に気づいた。それが、相馬岳（1411m）や水沢山だった。とても個性が強い山容の山であり、とても登りたいと思ったが、残念ながらその後登る機会を得ていない。

同じ山塊に伊香保神社と榛名神社という二つの大きな神社があることも珍しい。

赤城山の黒檜山山頂

榛名富士

〈アクセス〉名古屋＝（JR東海道新幹線　1：45）＝東京駅＝（JR上越本線　快速2：00）＝高崎駅＝（上信電鉄0：50）＝上州一ノ宮駅―（徒歩　0：10）―神社
〈難易度〉★　〈霊力度〉☆

V　東北地方の一ノ宮巡り

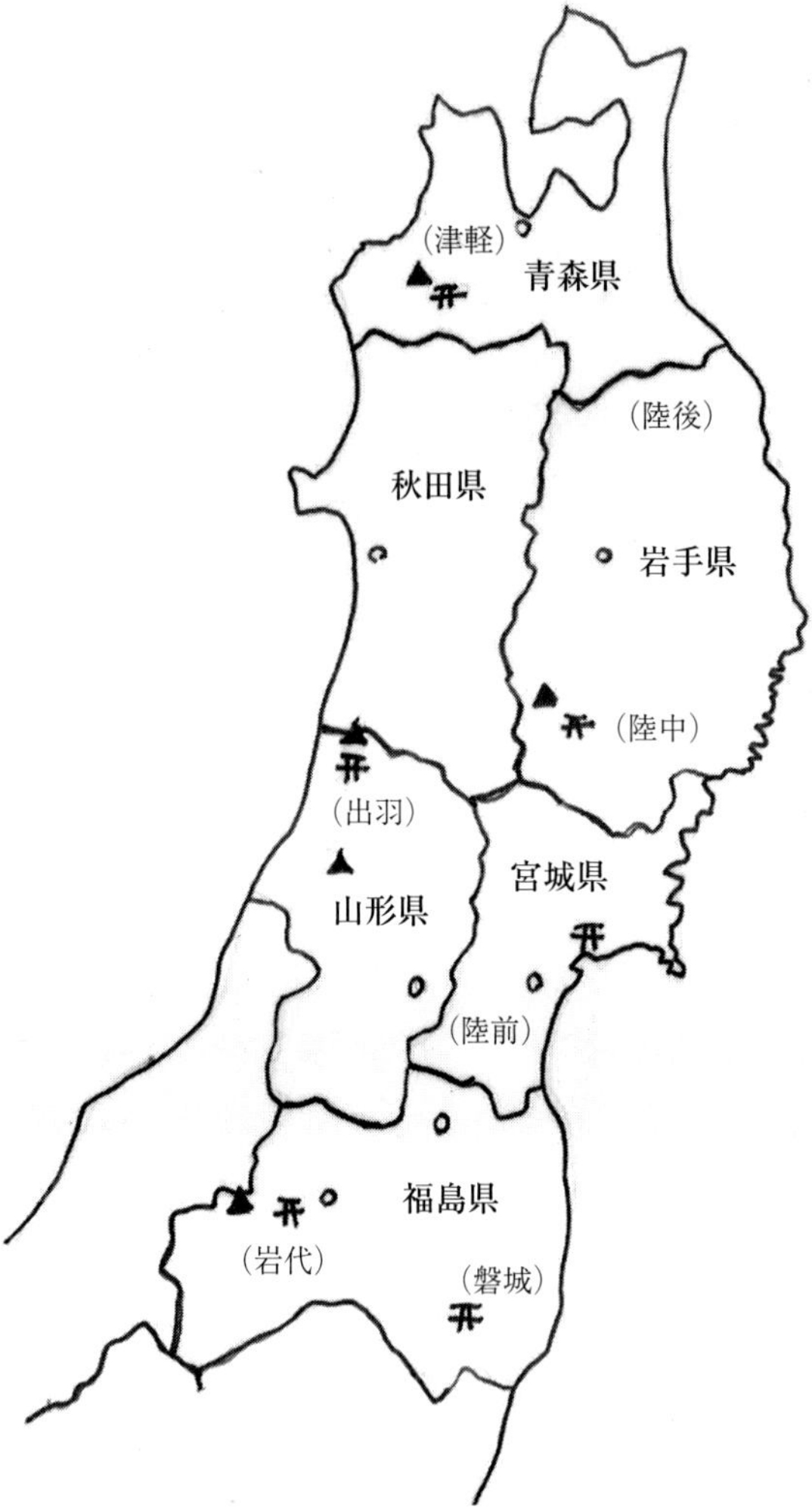

東北地方の一ノ宮巡り

1. 東北地方（陸奥国）の一ノ宮巡り

東北地方の一ノ宮

古代において、現在の東北地方は、陸奥：「みちのく」＝「みちのおく」だった。大和政権が蝦夷地を併合していき、712（和銅5）年に、陸奥《むつ》国から出羽《でわ》国が分離して二つの国となった。その後、大和政権が東北地方へ勢力を広げていく過程を経て、平安時代に『延喜式』が編纂された頃には、陸奥国には100社、その内15社が名神大社、出羽国には9社、その内2社を名神大社として記載されている状況となっていた。

そして、明治時代になって一ノ宮とされたのは、陸奥国一ノ宮として宮城県塩竈《しおがま》市にある塩《しお》竈《がま》神社（論社として福島県の都都古別《つつこわけ》神社、現在は磐城《いわき》国一ノ宮）、出羽国一ノ宮として山形県遊佐《ゆざ》町にある大物忌《おおものいみ》神社だった。そして、明治時代初頭に陸奥国は、陸後《りくご》、陸中《りくちゅう》、陸前《りくぜん》、岩《いわ》代《しろ》、磐城の国に分けられ、その後、現在の青森、岩手、宮城、福島、秋田、山形県となっていった。

一方、最近になって全国にある一ノ宮の神社が組織した全国一ノ宮会が、一ノ宮が無い地方に、幾つかの代表的な神社を新一宮として選んだ。すなわち、津軽《つがる》国（青森県）一ノ宮として弘前《ひろさき》市にある岩木山《いわきやま》神社、陸中国（岩手県）一ノ宮として奥州《おうしゅう》市にある駒形《こまがた》神社、岩代国（福島県）一ノ宮として会津美里《あいづみさと》町にある伊佐須美《いさすみ》神社、がある。いずれの神社にも御神体とされる山があるので別項で紹介したい。

なお、北海道は江戸時代以降になって探検が進んだ土地で、明治3年、現在の札幌市に北海道神社が鎮座され、新一宮として蝦夷国一ノ宮とされた。

岩代国一ノ宮（伊佐須美《いさすみ》神社＋御神楽《みかぐら》岳）

インターネットの普及で新しい楽しみが出来た。衛星画像による地理的雑学探求は面白い、関東平野を潤す利根川の源流は上越国境にあり、濃尾平野を潤す木曽川の源頭は長野県の鉢盛山にあるなど得意気に話す。じゃあ、山ヤに人気がある尾瀬、その水芭蕉を輝かせている水は、どこへ流れていくか？

東京から会津盆地への道程は遠い。東京浅草から会津鉄道を利用する、または、東北新幹線の郡山駅で磐越西線へ列車を乗り継ぐ。会津若松駅前には、幕末の戊辰戦争で起きた悲劇の主人公・白虎隊士の像が出迎えてくれる。そして、会津若松駅から今回の登山口、只見線*注の本名駅に向かうが、不便なことに本名駅を通る列車は一日三本しか運行していない。その時間調整のためではないが、バスで往復二時間、会津若松市に隣接する会津美里町にある伊佐須美神社で安全登山を祈願する。

時代遅れのようなディーゼルエンジン音を力一杯響かせて、レトロな二両編成のローカル列車はゆっくりと会津若松駅を発車する。各駅に停まりながら田植えが終わったばかりの水田地帯を抜け、会津盆地の端まで来ると、緑の山に深くV字に刻まれた只見川渓流に入って行く。距離にしたらたったの60キロメートル、しかし、ゴトゴトゴトゴト二時間の一人旅、時間に追われる現代においてはそれも良い。車窓には只見川が流れ、時間が止まったかのような懐かしい古き景色が通り過ぎていく。この只見川源頭が尾瀬、今水芭蕉が満開だろう。本名駅で私一人を降ろし列車はゆっくりと去っていく。

只見線本名駅（2012年現在不通）

翌早朝、予約しておいたタクシーに霧来沢《きりきたざわ》の林道終点まで送ってもらう。良い地名だねっ、でも、今日の天気に霧はなく、歩き始めた先には真っ青な空が広がっている。

新緑の森。緑以外の色はない。聞こえるのは自然の音しかない。歩き始めは、歩調を整えたり、靴や衣服の状況を気にしたりしていたが、周囲には芽吹いたばかりの緑が朝の日差しを受けて濃淡を作り出し、ホウ・トチなどお馴染の大きな葉が空一杯に広がっている。そして、霧来沢を洗う雪解け水のせせらぎ、鳥や春ゼミの声、遠くで近くで、あちらこちらで、ウグイス、ホトトギス、カッコーが鳴き続けている。時折、キツツキのドラミング音が周囲に響き渡る。さらに、足元からはカエルがここにも居るよと鳴いている。いつの間にか私自身も自然と一体になっていく。昨日までのストレス社会の騒音から解き放たれ、なんと気持ちが良いのだろうと深呼吸する。考えてみれば、何年かぶりの単独登山だ。

残雪が大量に詰まった鞍掛沢を渡る。ここから、小さな尾根上にジグザグに付けられた急登となるが、しばらく遠ざかっていた久々の本格登山ゆえに、なぜか腰がだるい。日頃の不摂生で腹やお尻に付いた重い贅肉のせいだろう。一歩一歩に足が悲鳴を上げ、立ち休憩を何度か繰り返す。呼吸を何度も整えながら、周囲を包む鳥や虫の声に励まされて、辛さを我慢して登ると、だんだんと渓流のせせらぎが遠ざかり、気付くと樹木が低くなって稜線上の小さな峰・杉山ヶ崎に到達する。

稜線の小さな空地で初めて見えた山頂は、まだまだ先にある。それも、かなり高い位置にある。地図を広げて確認してみると、登山口から山頂まで、距離的には7割近く来ているが、標高差では３００ｍ以上残っている。

相変わらず鳥や虫の声が谷間のあちこちで響いている。道が稜線上になったために展望が広がり、先ほど歩いてきた霧来沢が遥か下に見下ろせる。無風の快晴で、初夏の暑い日差しが容赦なく照り付け、だんだんと気温が上昇して全身から汗が噴き出す。だんだん青息吐息の状態になりながらも傾斜の急なヤセ尾根を辿り、慎重に鎖場を登り、避難小屋を過ぎて木々が少なくなってきたと感じたら本名御神楽山頂だった。山頂には、昨日参拝した伊佐須美神社の奥宮があり、山頂の小さな祠の中には開山式で奉納されたらしい真新しい御札が納められている。

日本神話『古事記』によると、御神楽嶽は、崇神天皇が東国平定に遣わし北陸道を鎮撫した大毘命《おおひこのみこと》と、東海道を鎮撫した息子の建沼河別命《たけぬなかわわけのみこと》が新潟と福島の県（国）境で出会った聖なる場所、「会津（相津）」という地名の発祥とされる場所で、この二人がイザナギ・イザナミの神を祭った神社が伊佐須美神社、祝って神楽を奉納したために御神楽嶽という。

神話が地名の由来話とは面白い。史実の真偽はともかく、私のこれまで辿ってきた福島県側が建沼河別命の道だ。

　さて、現代登山では最高点が山頂、本名御神楽岳から見る御神楽岳本峰は、山頂が尖っているせいか120mという標高差以上に高く見える。新潟県に入ってからも鳥のさえずりしか聞こえない快晴無風の空の下、ヤセ尾根上の稜線登山道には、登山道整備の切り払いで刈られた枝や笹が散乱していて歩きにくい。しかし、先程までのような急峻な傾斜は無かった、大きく下った後、小さな峰を幾つも越えながら緩やかなヤセ尾根を登っていくと山頂に到達する。

　御神楽岳本峰の山頂にも伊佐須美神社奥宮の小さな祠があった。その他に三角点、展望盤などがある。展望盤に描かれた絵図で山岳同定するが、遠くの山は濃い霞でほとんど見えなかった。ただ、山頂の北東側斜面は豪雪で磨かれていて、木々が生えず、日光をテカテカと反射して光っている。壮大な岩壁を見下ろしながら、山深き山に来ているなぁと悦に入りながら一服していたら、人の声がする。反対側・新潟県阿賀町の室谷登山口からの登山者らしい。

伊佐須美神社の鳥居

伊佐須美神社の仮拝殿

伊佐須美神社

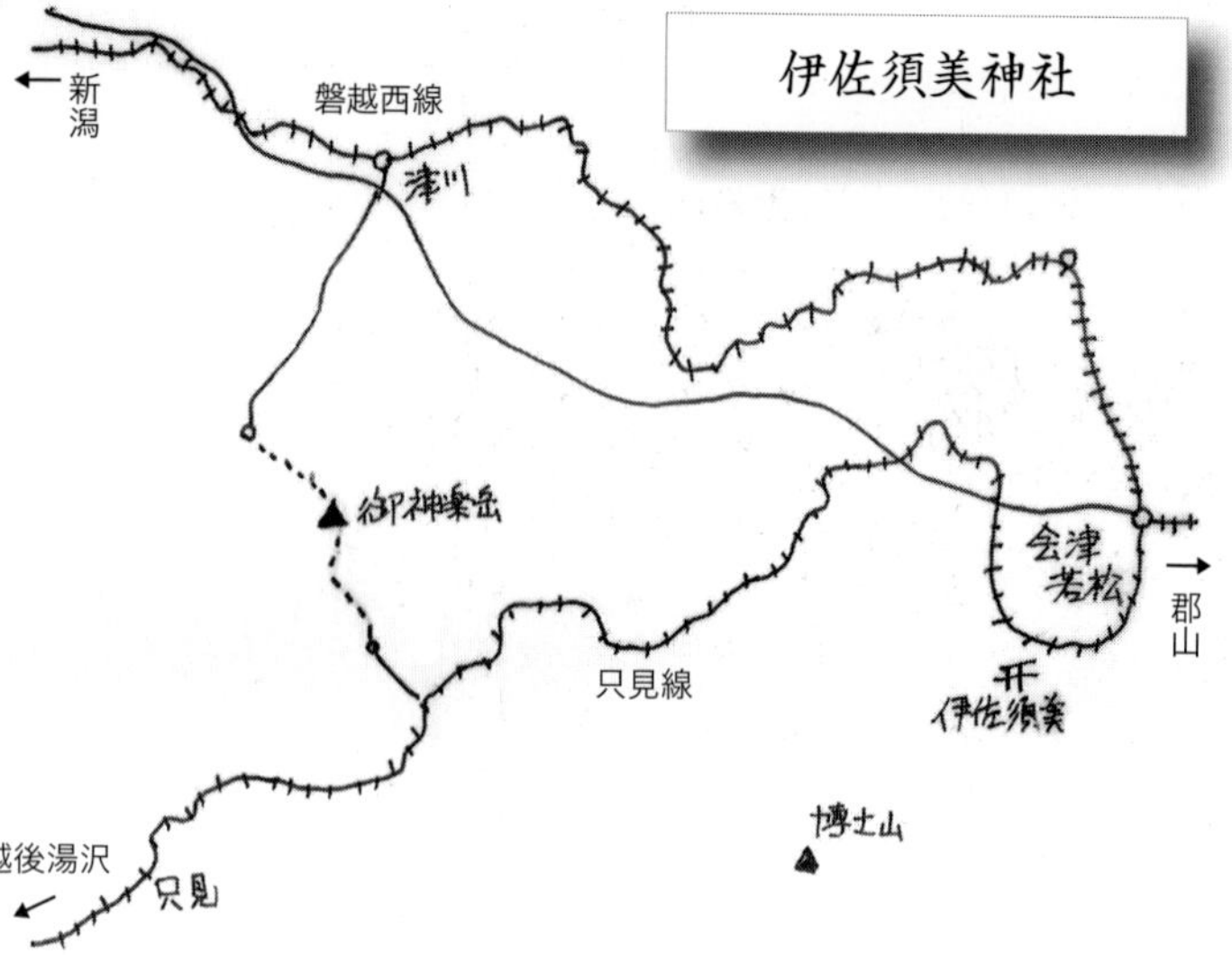

初夏の山は素晴らしいなぁと名残惜しみながらも下山する。下り出してすぐ、眼下に緑の濃淡の中に白い斑点模様の景色が広がっている。何だろうと思いながら近づくとコブシの花だった。偶然季節が良かったのか、急に暖かくなった異常気象のせいか、これほどの群落は見たことが無い。素敵な花だなぁと感動しながら雨乞峰からしばらく平坦な尾根を下ると、案内表示に「シャクナゲ通」と紹介されている。もっとも、シャクナゲには未だ早い。振り返れば、御神楽岳本峰が形の良い三角錐の頭を緑の森から盛り上げている。

下るに従い徐々に木々が高くなり、再び新緑の森に入っていくが、すれ違う登山者が多い時間帯だ。先ほどまで一人だった私は、すれ違う登山者に一言挨拶のつもりがついつい饒舌となって立ち話する。足元には、雪解けしたばかりの林床にエンレイソウやサンカヨウなどが緑

御神楽岳山頂

の森にアクセントを添えている。登山口が近付いてくると雪解け水で増水している渓流の音がどんどんと大きくなり、周囲には植林された杉林が増えてくる。

登山口の林道終点は登山者の車で一杯だった。疲れたぁ、林道歩きは嫌だなぁと愚痴も出るが、室谷集落にあるバス停までさらに一時間歩く。そして、乗客一人のバスに乗って一時間、緩やかに流れる大河・阿賀野川を渡ると、磐越西線の津川駅に到着する。津川から新潟へ、私がこれから辿る阿賀野川の流れに沿った道は、古代、北陸道から大毘命が遡って来た道だ。そして、尾瀬から流れ下る只見川は、会津盆地で日橋・阿賀川と合流して阿賀野川となり、日本海へ流れていた。でも、山というのは、歴史探訪の旅というより、聖なる山で新緑の森に癒され、六根清浄になって神楽を踊ったような爽快な気分が良いね、と列車を待ちながら思った。

前述しているように、岩代国一ノ宮である伊佐須美神社は、会津美里町（旧会津高田町）にある。JR只見線の会津高田駅から歩いても行けるが、只見線の本数が極めて少ないためJR会津若松駅からバスを利用する。会津盆地の水田地帯にある会津高田駅から旧会津高田町の小さな集落を抜けると、大きな森となった神社境内の南側に鳥居があり、鬱蒼とした森の中へ参道が続いている。残念ながら、伊佐須美神社は

2008（平成20）年に不審火によって全焼している。楼門を潜ると、小さな境内にある周囲を注連縄で張られた石組みされた土台が仮本殿となっていた。

〈初出：雑誌『山と渓谷』2010年9月号　読者寄稿『会津地名発祥の地を訪ねて』〉

〈アクセス〉

本文中にもあるが、会津若松市へは、JR東北新幹線・磐越西線を利用して福島県の郡山駅から入る、東武鉄道・野岩鉄道を利用して栃木県の日光から入る、また、磐越西線を利用して新潟駅から入るなどの方法がある。また、新潟市、東京都心から長距離バスも利用出来る。

（＊注）なお、JR只見線は2011年秋の台風被害によって2012年春現在運休しており、復興の目途は立っていない。

会津若松駅＝（バス　0：30）＝会津高田駅

会津若松駅＝（JR只見線　2：00）＝本名駅＝（タクシー　0：30）＝登山口

または、津川駅＝（バス　1：00）＝室谷

〈コースタイム〉本名（登山口）―（3：50）―御神楽岳―（3：00）―室谷（登山口）

〈案内〉『福島県の山』『新潟県の山』（共に山と渓谷社）

〈地図〉御神楽岳、狢ガ森山

〈難易度〉★★★★

〈霊力度〉☆☆☆

室谷登山口にある注連縄

陸中国一ノ宮（駒形《こまがた》神社＋駒ケ岳《こまがたけ》）

登山口となっている夏油温泉から、いきなり急な登りが始まる。入口の道標には自然散策路と書かれているが、急すぎて誰が散策するのだろうと言いたくなる。最初だけではない。一本調子、同じ勾配の急な道が延々と続いている。おまけに、急な斜面をトラバースしている道のため、足元を覗けば深い谷に落ち込み、また、道幅は狭い。途中で荷物を下ろしてゆっくり休憩する気になる場所もない。ただ、周囲は東北地方特有のブナの森に覆われてマイナスイオンに満ち溢れている。やっぱり、東北地方のブナ林が残る山は最高だ、さすが、霊山・駒ヶ岳と思う。が、逆に風が通らないため、今日のような日は余計暑く感じる。

夏油温泉

　最初の休憩では、ザックを路上に置いて水をがぶ飲みする。猛暑の夏となった2011年7月初旬、猛烈な勢いで汗が出てきて、熱中症にならないようにと大目に飲む。一時間程度登ると足元に登山口の夏油温泉が見えてくるが、猛烈な急登、猛烈な暑さで、ツーピッチで500mlのペットボトルが空になってしまった。

　夏油と書いて「げとう」と読む。まず読めない難読地名、猛暑の夏にはぴったりの名前じゃありませんか、と思うが、その地名はアイヌ語の「グッ・トー」に由来し、その意味は「崖があるところ」という話だ。実際に現地へ行って、深い谷底での両側に崖が続き、川底から熱湯が湧き出している状況を見ると納得させられる。しかし、なぜ「アイヌ語」なのか？ 当地の歴史を紐解くと、温泉の発見も856（斉衡3）年という説がある。

夏油温泉は東北新幹線の北上駅から車で約一時間ゆられ焼石連峰に入り込む。古くから知る人ぞ知る超有名な秘湯で、川に面して混浴露天風呂の岩風呂がいくつもある。山のいで湯としては最高に贅沢な場所と思い、以前から来たかった。最近は、女性客にも配慮して、「女性専用時間」が設けられているそうだ。前日はこの名湯に泊まり、今日の登山に向けて英気を養った。

足元が崖となった夏油温泉が見える尾根上の休憩地から、登山道の様子が一変する。勾配はゆるくなり、いや、標高千m付近の山腹を延々とトラバースしていき、小さな尾根ごと、小さな谷ごとに、小さな上り下りを繰り返すようになる。

谷は湿地となっており、巨大な水芭蕉の葉が登山道を隠し、道なのか沼なのかわからないほどで、気を抜くと足首まで沼にはまり込んで埋まってしまう。周囲では春ゼミや鳥たちが思い思いに音楽を奏でている。道標が設置されているため道迷いの心配はないが、踏み跡は幽か、利用する登山者が少ないらしく藪こぎにならない程度の状況で、蜘蛛の巣、登山道に飛び出す木の枝、登山道を塞ぐ倒木に、ひぇ〜、ひぇ〜と自虐的な叫びが独り言となって口に出る。

現代は一般には焼石連峰と呼ばれている山域であるが、夏油温泉周辺には夏油三山と呼ばれる駒ヶ岳、牛形山、経塚山という山々があり、三山とも温泉を基点にして登れる。逆に北上盆

地から見れば、三宅修氏が『現代日本名山図会』で紹介されているように、駒ヶ岳は江戸時

焼石連峰にある石沼

駒形神社

代に『日本名山図会』で描かれた名山であるし、実際に奥州市（旧水沢市）付近から見上げると、主峰の焼石岳よりも駒ヶ岳や経塚山の方が、目立ち、その美しい三角形が西空に綺麗なスカイラインを形成している。

　相変わらず勾配はゆるく、登山道は湿地となっていて、たくさんの水芭蕉の葉が登山道を隠している。尾瀬などではありえないと苦笑し、水芭蕉を踏付けなければ沼にはまり込んでしまうよと言い訳する。少し時期が早ければ花々が咲き乱れる綺麗な風景が広がっているかもしれないが、単調に足元ばかり注意して歩く状態が続くと、だんだん嫌になってきて、やっぱり気分が落ち込む時には、上を向いて歩こうと、足元の汚れを気にしなくなる。

　２０１１年、平泉中尊寺がユネスコの世界文化遺産に登録された。伝説によれば、中尊寺は天台宗の僧・円仁によって西暦８５０年に創建

駒ケ岳山頂の奥宮

水沢市街地にある駒形神社

され、１１０５（長治2）年に藤原清衡によって中興されたとされている。
しかし、古代史ファンにとって、当地の魅力はそれだけではない。奥州市（旧水沢市）には、奇祭として近年有名になった黒石寺の蘇民祭がある。「まつり」の原点のような祭事で一度見たら病みつきになるかもしれない。そして、その水沢市街地の中心に駒形神社がある。水沢市の神社は１９０３（明治36）年に遷座したもので、それ以前の元宮は、夏油三山の駒ヶ岳山頂にあったそうだ。伝説的な創建は5世紀とされるが、平安時代（９２７年）の古書にも記載がある名社であるが、近代になって参拝に不便なために街中に遷座されたそうだ。

駒ヶ岳頂上直下から最後の百メートルは再び急登となっている。沼地歩きが嫌になっていたため、この急な登りが始まると最後だと認識して、急に元気が回復してくる。空が近づいてくると稜線を吹き渡る微風も感じられるようになってくる。

突然飛び出した山頂には、昨年夏に立て直されたという駒形神社奥院の立派な祠が鎮座していた。一年しか建っていないせいもあり、周囲も祭典が開催されたままのような雰囲気だった。

祠を再興する時には、江戸時代の登拝路も再興したそうで、北東側から登山道が合流している。

山頂からは、北上盆地の雄大な風景が一望できる。しかし、私が登った時、焼石岳など後方の山々はすっぽりと綿帽子を被ったように、山頂だけ雲がかかっていた。

２０１１年3月11日、東日本大地震が発生した。被災されたたくさんの人々、特に津波被害が深刻な太平洋沿岸のみなさんのご苦労を思うと、自由気ままに山へ登っていることが不謹慎と思いながらも、東北を代表する霊山で、復興を祈願した。

駒形神社は現在奥州市の市街地にある。ＪＲ東北本線の水沢駅から徒歩15分程の場所に、こんもりと森が広がる神社がある。

〈アクセス〉名古屋＝（ＪＲ東海道新幹線のぞみ　1：45）＝東京駅＝（ＪＲ東北新幹線やまびこ　1：50）＝北上駅＝（バス　1：00）＝夏油温泉

注：名古屋から北上市へは、空路を利用して仙台空港、花巻空港を経由する方法もある。また、北上市へ仙台から長距離バスを利用する方法もある。

〈コースタイム〉水沢駅―（徒歩0：15）―駒形神社

夏油温泉―（3：00）―駒ヶ岳―（2：00）―夏油温泉

〔案内〕なし

〔地図〕焼石岳、石渕ダム、夏油温泉、三界山

〈難易度〉★★★★　〈霊力度〉☆☆☆

津軽国一ノ宮（岩木山《いわきやま》神社＋岩木山《いわきやま》）

岩木山は、津軽平野に一面に広がるリンゴ畑の中に、スクッと聳えるとても綺麗な円錐形の山である。深田久弥氏の『日本百名山』にも入っており、姿からも、歴史からも日本有数の名山と言える。ただ、車とリフトを使って手軽に登れるため、あまり印象が残らない。

９合目からの岩木山

岩木山に登るため、弘前駅から百沢地区にある岩木山神社に向かう。道路の周辺には青森名産のリンゴ畑が延々と一面に広がっていて、その広大な畑の美しさに感動する。その景色の中を岩木山がだんだんと大きくなる。岩木山神社は、岩木山麓の深い森にあり、広い境内にはたくさんの大木が森を作っており、その中に豪壮な社殿が建っている。鎮守の森の奥に鎮座する歴代津軽藩主に崇敬されてきた本殿は国の重要文化財に指定されている。

岩木山神社横から岩木山へ登る正面登山道をたどるのが望ましいが、嶽温泉から急な傾斜の山腹を、これでもかこれでもかとへアピンカーブが連続したツヅラ折状態で登る津軽岩木スカイラインを利用し、標高１２５１ｍの８合目まで行ってしまえば、岩木山山頂へ手軽にハイキングで登れる。八合目から登山リフトがあるので、それを利用するとさらに簡単で、九合目まで到達できる。周囲は既に森林限界となっているため眺望は大変良い。

九合目の登山リフト終点から標高１６２５ｍの山頂まで標高差は僅か１５０ｍ程、往復１時間半程の登山である。ただし、山頂部の傾斜はとても急で、最初は周囲に巨岩が積み重なった火山砂礫の道を登り、途中からは、岩にしがみついたりしながら登っていく。

岩木山神社

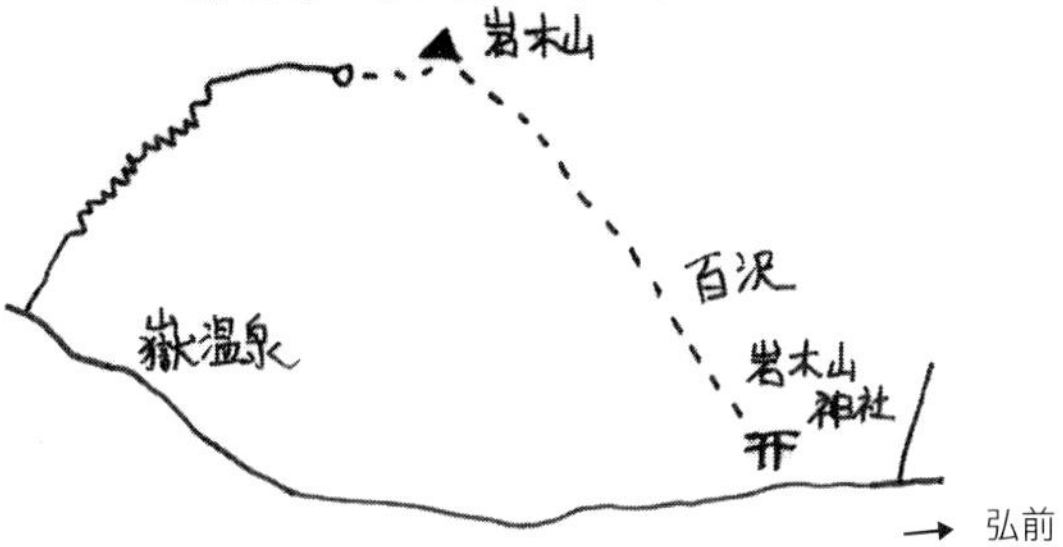

大岩が累々と積み重なっている山頂に小さな物置のような奥宮が建っており、中は社務所にもなっていて、神主さんが神社の御札など登山記念となる土産物を販売されている。奥宮周囲に広がる岩だらけの広い山頂からの展望はとても素晴らしく、津軽地方の中心、津軽の名峰という名に恥じない。

〈アクセス〉名古屋＝（ＪＲ東海道新幹線のぞみ　１：45）＝東京駅＝（ＪＲ東北新幹線はやぶさ　４：00）＝新青森駅＝（ＪＲ奥羽本線普通０：40）＝弘前駅＝（バス　０：40）＝岩木山神社前

注：名古屋から弘前市へ行くには、空路を利用して仙台空港、青森空港を経由する方法もある。

また、大阪発の寝台特急列車に敦賀駅から乗車し青森駅へ行く方法もある。

〈コースタイム〉弘前駅＝（バス1：00）＝嶽温泉＝（バス0：30）＝8合目―（リフト）―9合目―（1：30）―山頂

〔案内〕多数
〔地図〕岩木山
〈難易度〉★★★　〈霊力度〉☆

2．山形県（出羽国）の一ノ宮巡り

出羽国一ノ宮（大物忌神社《おおものいみ》＋鳥海山《ちょうかいさん》）

2008年、『おくりびと』という映画がアカデミー賞を受賞して話題になった、劇場公開の時は知らなかったが、その後、テレビで放映された時に見て、その内容、テーマ、ストーリー、演技に喝采し、感動で何度も涙が溢れた。

しかし、最も気になったのは、映画に映し出されていた背景の山、映画を何処で撮影したかだった。特に、主人公が川原に置かれたベンチに座りチェロを弾きながら、父親との思い出を回想するカット、主人公の背景に、ものすごく綺麗な山が映し出され、主人公の心象を見事に伝えていた。その後、山形県観光協会が発行した『おくりびとロケ地マップ』を入手し、そのカットのロケ地は、山形県酒田市にある最上川に流れ込む小さな支流の堤防であり、背景の山は鳥海山と知った。

千蛇谷からの山頂（新山）

日本国内に名山は数あれど、どこが一番のお気に入りの名山かと考えると意見が分かれるだろう。もちろん、山の知識、全国の地理知識があるかないかでも意見は異なる。駿河国の富士山を選ぶ人が多数であることは疑いない。あるいは、登山経験のある人は、北アルプスの槍ヶ岳を選ぶ人も多いだろう。しかし、秋田、山形県にまたがる鳥海山を選ぶ人も多いと思う。『日本百名山』の深田久弥氏も「山姿秀麗という資格では、他に落ちない」と一票を入れている。さらに加えて、豪雪地帯に位置する名山ゆえに、山麓周辺に今も残る最も日本らしい田園風景と山全体に雪を斑に残した山姿、映画『おくりびと』でも使われた鳥海山の風景こそは現代日本の最も美しい原風景の一つと思う。この鳥海山の風景からも、鳥海山は古代から神として崇められてきただろうと思う。山頂には出羽国一ノ宮である大物忌神社がある。

鳥海山には、古代から続く登拝道が2本、吹浦口と蕨岡口とがあり、いずれも麓に里宮、中腹に中宮があり、現在でも里宮から山頂にある奥ノ院まで登山道が伸びている。とはいえ、高度成長時代に観光道路がかなり上まで伸びて、登山者や観光客は道路の終点まで直行するようになった。その結果、里宮や中宮は無視されて時代に取り残されている。かくいう私も何度か鳥海山に登ったはずなのに、里宮を訪れたのはごく最近、全国一ノ宮を巡り出すまで存在すら知らなかった。

先ずは吹浦口《ふくら》から登る鳥海山を紹介しておこう。古代から続く吹浦口登山道に沿って、現代、鳥海ブルーラインという観光道路が標高1157mの五合目に相当する鉾立《ほこたて》まで続いており、多くの登山者がここから歩き始める。鳥海山は日本海まで裾野を伸ばしているため、鉾立まで来るだけでも日本海沿いの大展望を楽しむことが出来るし、鉾立には軽い食事が出来る食堂や土産物店などもあるので、観光地としても楽しめる。

鉾立から山頂まで片道約5時間の登山であるが、鉾立でも既に森林限界を越えているため、登山中ずっと展望は良い。また、面白いことに、鳥海山の鉾立からの登山道は、ほとんど全区間が見事な石段となっている。石段歩きに慣れてしまえば歩きやすい。晴れていれば、緑と茶色の山肌に、延々と石組みされた白い道が遥か山頂部まで続いているのが見える。また、鳥海山の山肌を大きくえぐった千蛇谷に沿って登るため、当初は眼下に、途中からは足元から清流の音が心地良く響くのを楽しみながら登る。また、道端には高山植物も多く、可憐な花たちが登攀の苦しさを和らげてくれる。途中の御浜で眼下に鳥海湖という青い湖が見えるなど周囲の風景も変化に富んで美しいし、振り返れば、青い日本海沿岸の景色が遥か遠くまで見えている。ただし、東北の日本海側に位置するため、冬の積雪が多い山でもあり、季節が早過ぎたり、前年の冬に積雪量が多いと、夏になっても千蛇谷は厚く雪に埋もれている。天気が良い時に雪渓を登るのは楽しいが、悪天候ではホワイトアウト状態となって登れない。この場合は、途中の七五三掛《しめかけ》と呼ばれる場所から尾根道を利用することになる。

鳥海山に限った話ではないが、高山植物が豊富な山は、その季節によって、多様な花を楽し

大物忌神社

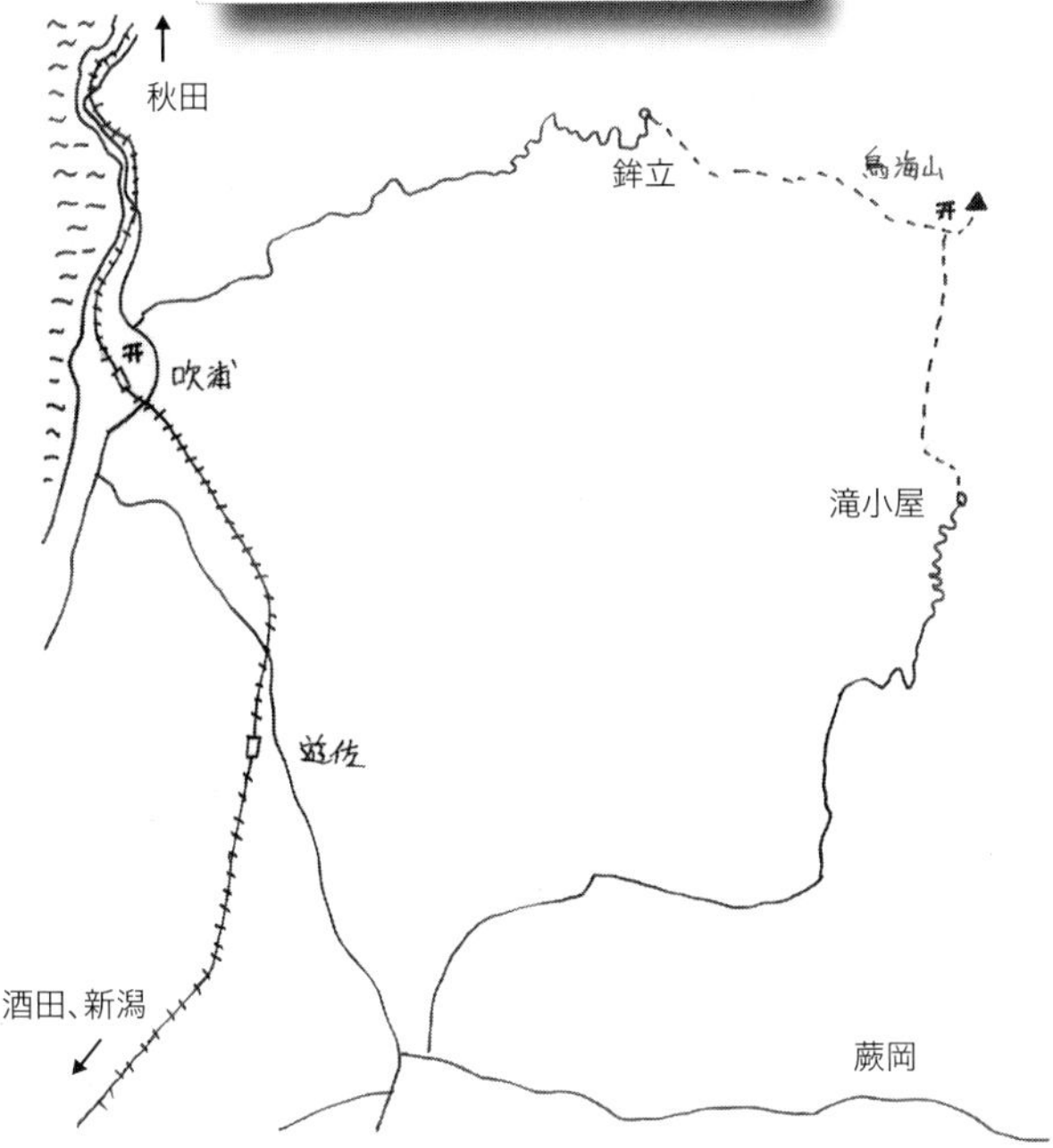

むことが出来る。同じ山へ登っても、一週間違えば他の花に代わっていることもあるし、花の咲く場所が雪解け具合によって時期が異なっている。残雪が多い鳥海山は、多様な可憐な花を一度に愛でることが出来る点でも、私の大好きな山の一つだ。

山頂直下には、大物忌神社の奥ノ院と付属の山小屋がある。強行すれば、麓からの日帰り登山も可能とは思うが、ゆったり余裕を持って山頂直下の山小屋に泊まって、翌朝を山頂で迎えると、山頂からのご来迎、あるいは、影鳥海、すなわち、日本海に伸びる鳥海山の影を見られるという御褒美がもらえることがある。ただ、気象条件が合わないとなかなか見られない珍しい現象で、私は数回山頂に泊まっているのに、影鳥海が見られたのは1回きり。雄大な影鳥海が、日本海の遥か沖合いにある飛島まで達していて、とても感動した。

最高峰（2236m）の新山は

吹浦口の里宮

蕨岡口の里宮

１８０１（寛政13）年の噴火で形成された溶岩ドームであり、累々と積み重なった巨岩で出来た山塊を攀じ登ると、一番上にある巨岩が山頂となっている。山頂は10人も登れば一杯となるので、落ちないように気を付ける必要がある。

　もう一つの山頂である七高山（２２２９ｍ）は外輪山の一角にある。新山から一度下り、登り直すことになる。鳥海山は東北地方では数少ない２０００ｍ峰なので、いずれの頂上からも見渡せる景色は素晴らしい。特に、日本海沿岸の地形が手に取るようにわかる。

　一方、蕨岡《わらびおか》口も、現代は標高１２００ｍ程にある滝ノ小屋直下まで舗装された林道が延びており、こちらの登山道の方が、距離が短いので、最近はマイカー登山者に人気がある。しかし、その分、登山道の勾配が急になっている。特に、最初の八丁坂、最後の薊坂と呼ばれる急な勾配のツヅラ折りの道、小さな尾根をジグザクと登る時には一汗かく。また、途中には心字雪渓と呼ばれる巨大な雪渓があり、残雪が多い時期にはその雪渓上を登る。遠くから見ると「心」という字に見えるそうだが、心字雪渓の周辺はいつも水が豊富で場所によってはゴウゴウと音を立てて流れている。そのお陰もあって、高山植物も多く、季節となれば全山、花花花の見事なお花畑の景観を楽しむことが出来る。その一方で、季節が早すぎると、ほとんど雪道を歩くことになる。心字雪渓と呼ばれるだけあって、雪渓上部は沢が複雑に分岐しており、道に迷う。私も一度ホワイトアウト状態、すなわち、濃霧の中で雪渓を歩く状況になって、すべてが白い世界、前後はもちろん、高低感までわからなくなってしまったことがあった。残念ながら、そんな日の登頂はあきらめざるを得なかった。

最後に、鳥海山大物忌神社の里宮について紹介しておこう。吹浦口の里宮は、ＪＲ羽越本線の吹浦駅にも近い海岸沿いにある。鳥海山の広大な裾野が日本海へ入る、ほとんど海抜０ｍの地にあり、入江横にある吹浦駅を降りて駅前の小さな集落を過ぎ、鳥居を潜り石段を登ると、鬱蒼とした森に囲まれた小さな境内に拝殿や本殿がある。境内に社務所があるが、夏季にはこの神主さんが山頂の奥宮に行かれるそうだ。観光道路である鳥海ブルーラインも吹浦口の里宮が基点になっている。

一方、蕨岡口の里宮は、ＪＲ羽越本線の遊佐駅から５ｋｍ程、鳥海山の山頂から見て南西方向にあり、鳥海山の広大な裾野が庄内平野の水田地帯に入る末端の丘陵地上にある。蕨岡の里宮への公共交通機関はないので、遊佐駅からタクシーを利用する。こちらにも鬱蒼とした森に囲まれた小さな境内に拝殿や本殿があった。映画『おくりびと』のロケ地にも近く、神社周辺には映画で描かれたような懐かしい日本の心象風景が広がっている。

〈アクセス〉　鳥海山麓にある酒田市がある山形県庄内地方へは名古屋から空路が無いし、ＪＲ路線も直接行く列車がない。かつては大阪始発の日本海回り青森行きブルートレイン「日本海」が庄内平野周辺の山へ登山するのに良い時間帯に酒田駅に到着していたが、廃止となってしまった。

空路を使う場合も、ＪＲ新幹線を使う場合も、名古屋から仙台、秋田、新潟などへ移動し、そこから酒田市へＪＲ従来線、または、長距離バスを利用することになる。いずれにしても、山麓で前日に一泊する必要がある。

象潟駅＝（タクシー　0：40）＝鉾立
酒田駅＝（バス　1：15）＝鉾立
酒田駅＝（タクシー　0：30）＝湯ノ台

〈コースタイム〉　鉾立―（4：55）―鳥海山―（3：50）―鉾立
湯ノ台―（4：50）―鳥海山―（3：40）―湯ノ台

〈案内〉　多数
〈地図〉　小砂川、鳥海山、湯ノ台
〈難易度〉　★★★★★　〈霊力度〉　☆☆☆

＊おまけ　出羽三山（羽黒山《はぐろ》～月山《がっさん》～湯殿山《ゆどの》）

鳥海山も月山も好きな山であり何度も行った。そして、いずれの山も古代には山岳宗教拠点だった歴史を持ち、大物忌神社も月山神社も『延喜式』の中で名神大社となっている。現在は月山を含む出羽三山の方が鳥海山より観光化が進んでいるので、「出羽三山」という名を聞いたことがある人は多いだろう。

出羽三山と湯殿山神社

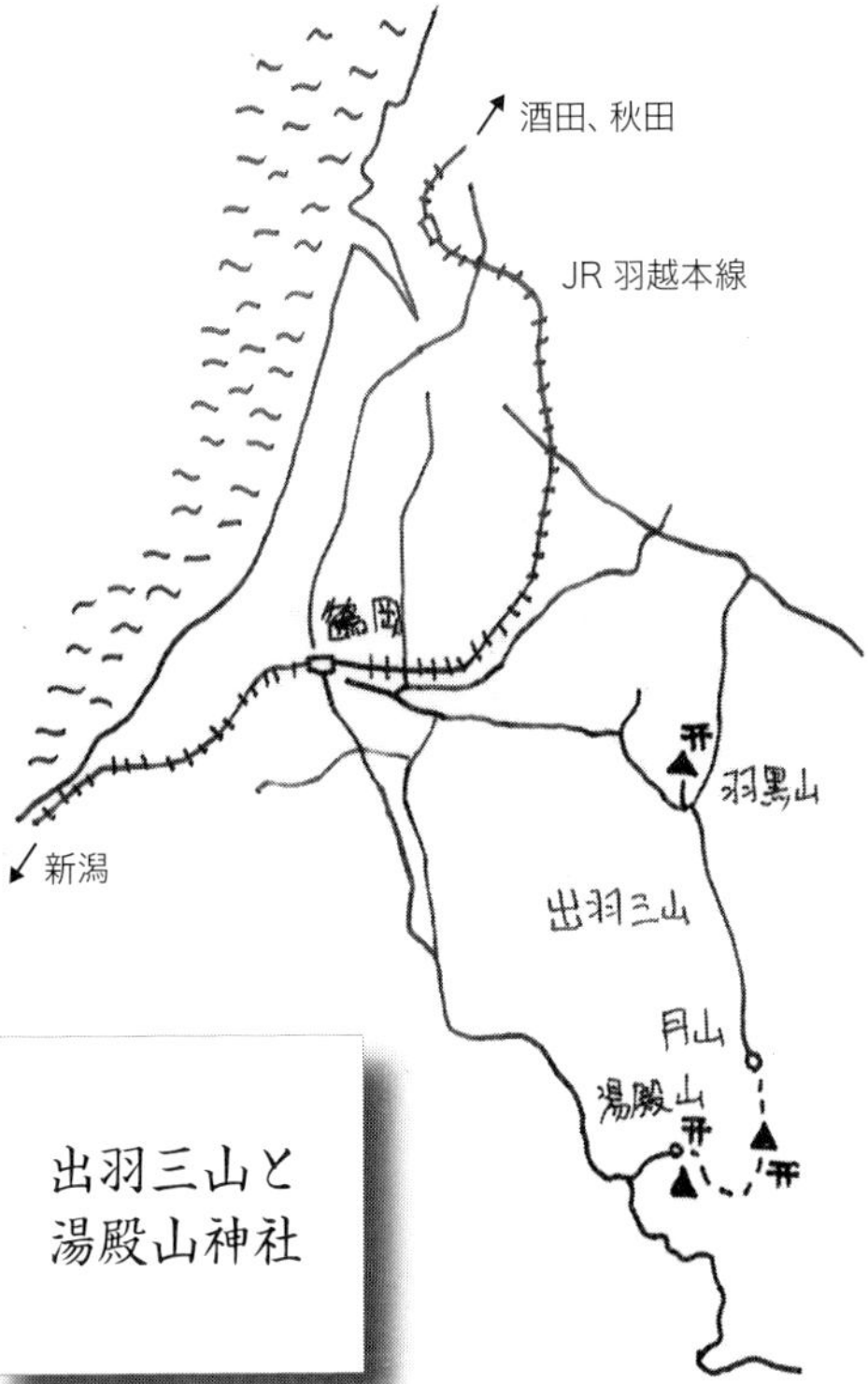

出羽三山は思い出が残る山でもある。湯殿山行った時、私が人生に悩んでいた鬱気味の時期だったせいかもしれないが、出羽三山は日本国内で最も哲学的に演出された山だと思った。山岳信仰でいう擬死体験がよく理解できた。最後に出羽三山について、私の好きな最も神々しい山として紹介しておきたい。

ここで、出羽三山とは、羽黒山、月山、湯殿山の三山を言うが、三つの山があるわけではなく、現代人が思い浮かべる山らしい山は、月山（標高１９８４ｍ）だけである。羽黒山と湯殿山は、いわゆる寺院の山号で、山麓の小さな丘の上にある羽黒山神社と谷間にある湯殿山神社を指している。ちなみに、寺院の山号とは、比叡山延暦寺のように、寺院名の前に付けられている名称である。山号とは、仏教を目差す僧侶は山中で修行し、その住居となる寺院は山中にあったため付けられた名称とされる。もちろん、時代が下って、

羽黒山神社の五重塔

経典文言から付けられたり、名僧の古事から付けられたりするようになって、現在使われている寺院の山号は、必ずしも山の名前ではない場合も多い。

さて、江戸時代に松尾芭蕉がたどった道は、現代はバスで日帰り登山できる。『奥の細道』を巡る旅の順序で説明する。先ず、鶴岡市など麓の街から山中にある羽黒山神社の本殿までバスに乗っていけば、歩かずに詣でることが出来る。羽黒山神社の周辺には、門前街が現在も続いており宿坊などでの宿泊も可能である。月山へ登るならここで英気を養っておける。羽黒山に羽黒山神社であり出羽三山の里宮「三神合祭殿」がある。門前街から延々と巨大な杉並木が続き、羽黒山の山中に点在している国宝五重塔などの建造物を見学し、本殿を参拝するだけでも日本の山岳信仰の奥深さを学べる。

雪の羽黒山神社境内

涼しさやほの三か月の羽黒山　（芭蕉）

月山へは、バスが月山8合目まで通っている。そこから、天上楽園のようななだらかな山道を

2時間40分ほど歩いて登ると、月山山頂にある月山神社へ登拝出来る。豪雪地帯の山であり真夏でも雪が残り、トキソウなど珍しい花も咲くお花畑になっている。月山山頂には神社が建っており、登拝料を払って頂上を踏む。

雲の峰幾つ崩れて月の山　（芭蕉）

月山からは、反対（南）側へ3時間ほど歩いて下る。急な斜面を下り、最後に長い鎖や長い梯子が取り付けられた月光坂を下ると月山に抱かれた谷間に位置する出羽三山の奥ノ院にある湯殿山神社へ至る。

語られぬ袂を濡らす湯殿かな　（芭蕉）

湯殿山神社からはバスを利用すれば、歩かずに鶴岡市などへ帰ることが出来る。なお、湯殿山神社の背後には湯殿山という標高1500mの綺麗な三角形の山があるが、御神体というわけでもないし登山対象でもない。では、出羽三山の御神体は何かというと、出羽三山の奥ノ院とされる湯殿山神社そのものだ。

出羽三山では「峰入り」という修験道の修行が今でも行われているが、参考図書などを読むと、擬死体験に意味があるそうだ。つまり、先ず羽黒山神社で自分の葬式をして、一度死んだ気になって「過去」を清算する。そして、苦しい「現在」を思いながら苦しい登山をして月山を目差す。

月山神社は月読命を祀っている。月は一ヶ月の間に、新月から上弦の月、満月、下弦の月となって新月に戻る。昔の人は、その繰り返して変化する姿に、生まれ変わり、若返りを月の神に祈った。月山を登拝しながら、自分の人生における「現在」を若返らせる。そして、山頂の月山神社に参拝して「現在」を反省する。そして、時間を戻しながら、生まれ変わったらどう

湯殿山神社の入口

するか考えながら湯殿山神社へ向かう。

湯殿山神社は人工物が一切ない聖地である。社務所で裸足になり、参拝料を払い、神官からお祓いを受けて神域に入る。御神体は巨岩から温泉水が湧き出る泉であり、その大岩を拝んで一周して社務所へ戻ってくる。湯殿山神社を出る時には、生まれ変わって、明るい「未来」となっている。

ところで、松尾芭蕉が前述の俳句で詠んでいるように、拝んだ神の姿を語ってはいけない、語ると天罰があたるとされている。もちろん写真撮影も禁止である。なのに、お前は語っているではないかと言われそうだが、既に私には天罰が下っている。人に話すようになってから月山に登っても綺麗に晴れたことがない。一度は暴風雨で死にそうになったくらいだ。次登る時には遭難するかもしれないと思いながらも、詳しく話しておこう。

湯殿山神社は、ただ巨岩から温泉水が湧き出る泉ではない。お湯を吹き出している火山と紹介している文献もあるが、泉や火山が御神体とされる神社なら他にもある。「伊豆」の語源は「いずる」から来ており、熱海市にある伊豆山神社近くにも温泉が祀られている。

ところが、湯殿山神社、その御神体の源泉は人肌と同じ約37℃である。そして、温泉の湧き方、お湯が湧き出る場所の形状といい色合いといい、温泉の湧き出す雰囲気が女性自身そのものである。初めて湯殿山神社へ行った時には、その御神体が巨大だったせいもあり、また、私自身が若かったせいもあり、御神体が巨大な女性自身とまで想像が至らなかった。

しかし、40歳過ぎて厄年を越えた頃に湯殿山神社へ参拝してハッと気付いた。女性自身は母であり、モノが生まれ出る場所、つまり、出羽三山の湯殿山神社は「未来」に生まれ変わる場所なのだ。社会の不平不満を言っていても人生は変わらない。評価されない自分を弁護していても人生は変わらない。自分の能力の無さを嘆いていても仕方がない。一度死んだ気になって生まれ変わり「未来」に向かってやり直そう、鬱気味だった私が鬱から回復するきっかけの一つとなった。

そして、50歳を越えた今、思う。古代人は人間を含む万物が自然から生まれ自然に帰るというサイクルを悟っていて、人は湯殿山神社を祀り、出羽三山修行に人生感を映し出したと理解した。湯殿山のような天然物を見つけ、そして、それを神として祀った古代人、そんな気持ちに感謝し、また受け継ぎ、伝えることの重要さを感じた。庄内平野では、春になれば山肌に雪が残り雪解け水が田畑を潤していく。そのように考えると『おくりびと』のワンカットは心象風景としてもとても美しかった。山が微笑む春はかならず来る。

〈アクセス〉 鶴岡駅＝（バス 0：55）＝羽黒山
鶴岡駅＝（バス 2：00）＝月山8合目
鶴岡駅＝（バス 1：15）＝湯殿山
〈コースタイム〉 8合目―（2：40）―月山―（3：00）―湯殿山
〈案内〉 多数
〈地図〉 月山、湯殿山
〈難易度〉 ★★★★ 〈霊力度〉 ∞

月山山頂

雲の峰幾つ崩れて月の山
語られぬ袂を濡らす湯殿かな
芭蕉

おわりに

二〇一一年に東日本大震災が発生しました。私にとってもこの年は、父の死去、私自身の入院、そして長男の婚約という人生の節目でもありました。その節目において、人も自然の一部、人は自然に逆らって生きられないと痛感しました。そして、私も自然物として考えれば、五十歳を越えた私の余生は残り十年程度と思って、入院および術後の療養期間中に一気にまとめた文章が本書です。気が付けば自己都合で会社を辞め、思い付くままに書きたいことを綴ってきて十年以上の年月が立っていました。

当初は全国一ノ宮の全てを巡ってからまとめようと思っていましたが、『古事記』編纂千三百年という節目に合わせて出版します。完全な一ノ宮紀行を期待して読まれた方には満足していただけなかったかもしれませんが、人を自然の一部としてきた日本人の哲学、そして、その地方特有の地形による名山の在り方、神々の祀り方の差異などについて研究し直すきっかけになれば良いと思っています。

修験道において、登拝することは歩行禅というそうです。これからも「登山とは何か、人生とは何か」を問いながら、自然の恵みをいただきに〝山歩〟を続けていますので、どこかでお会いしたら、貴方にとってのとっておきの霊山を教えてください。

謝辞

「クミちゃぁ〜ん」と山中にて大声で名前を叫ぶ、二〇一一年に公開された『岳』という映画で最も印象的なワンカットです。山頂で真似して「クミちゃぁ〜ん」って大声で叫んでみたら、これが実に気持ちが良い。私の場合、良いアイデアは常に山で生まれます。山にはいつも感謝しています。

本を出版したいと相談して以来、絶え間なく適切なアドバイスをいただきました愛知県津島市にあるT書店のK店長と奥様にはいつも感謝しております。また、拙文がゲラ原稿となった時には感動しました。風媒社のR編集長には何度も貴重な時間を割いて、アドバイスをいただきお世話になりました。そして、誤字脱字だらけの拙文を笑いながら批評してくれたH様はじめ周囲の皆様にもお礼申し上げます。

また、出版という夢に対して、いつも笑顔で応援してくれた皆様ありがとうございました。特にK様はじめ錦三丁目の妖怪屋敷に住む皆様に感謝しております。

最後に、写真の一部については、アミューズトラベル株式会社名古屋営業所、また、津島市のH様から快く提供いただきました。末筆ながらお礼申し上げます。

【著者略歴】

若山　聡（わかやま　さとし）

1957年、愛知県海部郡佐織町（現愛西市）生まれ。岐阜大学大学院修了。

天王文化塾塾生。鍋の会会員。元日本山岳ガイド協会認定ガイド（未更新）。

大学在学中から山歩を始め、全国の著名な山々を登る。ブナ林や高山植物など自然を愛し、源泉かけ流しの秘湯にある混浴露天風呂に入ることを至上の楽しみとしている。そして、全国の山々を巡る間に、霊山や山岳信仰の歴史に興味を持ち、明治維新で失われた日本古来の民俗学を探求中。

（参考文献）
『中世諸国一宮制の基礎的研究』　中世諸国一宮制研究会・編　2000年（平成12年）　岩田書院
『全国一の宮めぐり』薗田稔・監修　2003年（平成15年）　学研

装幀●夫馬デザイン事務所

諸国一ノ宮山歩《しょこくいちのみやさんぽ》

2012年7月30日　第1刷発行　　（定価はカバーに表示してあります）

著　者　　若山　聡
発行者　　山口　章

発行所　名古屋市中区上前津2-9-14　久野ビル
振替 00880-5-5616 電話 052-331-0008　風媒社
http://www.fubaisha.com/

乱丁・落丁本はお取り替えいたします。　＊印刷・製本／モリモト印刷
ISBN978-4-8331-0148-6